"十三五"国家重点出版物出版规划项目
国家出版基金资助项目
新时代生态文明建设法律制度体系研究
总主编　陈晓景　李国敏

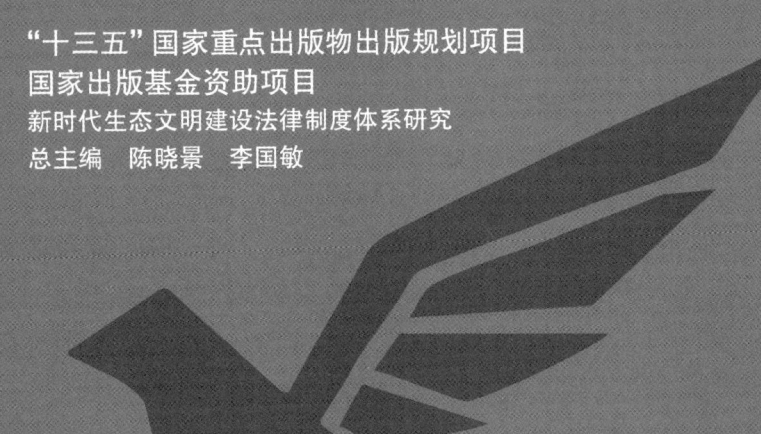

新时代环境财政制度研究

云伟宏　等著

图书在版编目(CIP)数据

新时代环境财政制度研究 / 云伟宏等著. —上海：立信会计出版社，2023.6
(新时代生态文明建设法律制度体系研究)
ISBN 978-7-5429-6743-5

Ⅰ.①新… Ⅱ.①云… Ⅲ.①环境保护政策—财政政策—研究—中国 Ⅳ.①F812.0②X-012

中国国家版本馆 CIP 数据核字(2023)第 108826 号

策划编辑　窦瀚修
责任编辑　许　颖

新时代环境财政制度研究

XINSHIDAI HUANJING CAIZHENG ZHIDU YANJIU

出版发行	立信会计出版社		
地　　址	上海市中山西路 2230 号	邮政编码	200235
电　　话	(021)64411389	传　　真	(021)64411325
网　　址	www.lixinaph.com	电子邮箱	lixinaph2019@126.com
网上书店	http://lixin.jd.com		http://lxkjcbs.tmall.com
经　　销	各地新华书店		
印　　刷	常熟市人民印刷有限公司		
开　　本	710 毫米×1000 毫米		1/16
印　　张	12.5	插　页	4
字　　数	199 千字		
版　　次	2023 年 6 月第 1 版		
印　　次	2023 年 6 月第 1 次		
书　　号	ISBN 978-7-5429-6743-5/F		
定　　价	50.00 元		

如有印订差错，请与本社联系调换

总　序

目前，我国已进入中国特色社会主义新时代，人们对美好生活的向往越来越强烈，对美丽环境的期待也越来越迫切。如果说经济富足、身体健康、享受良好的教育、游览名山大川都是人们对美好生活的具体需求，那么在解决社会分配领域可能存在的问题之后，社会经济发展水平应该与这些需求的满足程度成正相关关系。也就是说，社会经济发展水平越高，人们的收入水平也会提高，可享受的教育资源和教育条件会更好，游览名山大川的机会也会更多，也会更注重休养生息和身体健康。但实际上，社会经济发展水平与人们追求的美好生活及美丽环境之间不存在必然的正相关关系。从经济学家所说的负外部性、政治学家所说的绝不走先污染后治理的老路以及法学家所说的普遍环境责任等可知，人们在追求美好生活和美丽环境的过程中，曾经并且还在继续受一些经济活动所释放的负外部性的影响。新发展理念的贯彻在很大程度上消解了经济活动的负外部性后果，而美好生活和美丽环境的实现仍需人们付出更大的努力。

由陈晓景和李国敏担任总主编的本套丛书，凝聚了环境保护法治理论与实务工作者的智慧和汗水。本套丛书的策划和出版既是学术盛事，也是为实现人们对美好生活的向往做了一件实事。

古人云："君子务本，本立而道生。"本套丛书立足我国生态文明法治建设的实际需求，致力于生态文明建设法律制度核心问题的研究，实现了生态文明建设法律制度体系理论研究的创新发展。迄今为止，国内尚未见到以"新时代生态文明建设法律制度体系研究"为主题的系列学术著作。本丛书填补了我国该领域学术著作出版上的空白,它将给环境保护理论界,尤其是环境法学界带来巨大的知识冲击和学术冲击;或将掀起新时代生态文明建设法律制度研究的热潮,带动更多的学者为实现人们对美好生活的向往以及对美丽环境的期待而贡献智慧和力量。

　　本套丛书各分册的内容主要围绕环境法学研究的两个重点领域展开:一是沿着已经建立的环境保护制度,研究如何进一步提高制度建设的水平,如《新时代环境法律制度检视与重构》;二是对生态文明建设和环境法制建设做应然选择的尝试,研究在新时代生态文明建设法治任务面前,如何构建相关环境法律制度,如《中国流域生态系统管理法律制度研究》《企业环保信用评价法律制度研究》《新时代环境财政制度研究》《绿色金融法律制度研究》。这两个重点研究领域都是我国环境法学理论界和环境保护实务界高度关注的领域。因此,本套丛书的出版有望对环境法学理论研究和环境保护实务研究起到双重推动作用。

徐祥民

前　言

现代工业文明推进社会生产力快速发展,物质财富飞速增长,也使人们的生产方式和生活方式发生了巨大变化。随着全球工业化进程加快,环境污染问题日益受到关注。20世纪30年代在比利时发生的马斯河谷烟雾事件,是20世纪有记载的最早的一次严重大气污染事件,之后发生的1943年洛杉矶光化学烟雾事件、1952年伦敦烟雾事件和1953—1956年日本水俣病事件,都给人类粗放式的工业活动敲响了警钟。1968年4月罗马俱乐部成立,其宗旨是研究未来科学技术革命对人类发展的影响,阐明人类社会面临的主要生存困境,以引起各国政府和舆论的注意。1972年罗马俱乐部发表了题为《增长的极限》的研究报告。报告采用计算机模型模拟的方法,研究关乎世界未来的五大因素,即人口增长、工业化、环境污染、粮食生产和资源消耗,指出这五大因素如果按照目前的趋势发展下去,地球生物增长的极限将会在今后百年内发生,经济增长模式的可持续性已面临严峻挑战。这个报告具有里程碑意义,标志着人类开始正视工业化进程中的环境污染问题。同年6月5日至6月16日,联合国人类环境会议在瑞典斯德哥尔摩召开,这是世界多国政府代表共同讨论当代环境问题、探讨保护全球环境的第一次国际会议。会议通过了《联合国人类环境会议宣言》,呼吁各国政府为维护和改善人类生存环境、造福全人类及子孙后代而共同努力。我国政府派代表团参加了这次会议,也认识到国内同样存在着严重的环境问题。

1973年8月5日至8月20日,我国第一次全国环境保护会议在北京召开。会议达成了要重视环境问题的共识,并通过了《关于保护和改善环境的若干规定(试行草案)》。从历史上看,我国早就对环境污染问题有所认识并有所行动。在中共十一届三中全会后,我国开始了社会主义市场经济体制改革,造就了40多年经济高速增长的大好局面。但事物始终都有两面性,改革开放以经济建设为中心,但在发展的初始阶段,企业为追求经济利益还不可能自觉地把具有社会公益性质的环境保护工作放在前面,在环境保护与经济发展发生矛盾时,往往前者为后者让路。改革开放以来我国经济建设取得了举世瞩目的成就,但为此付出的环境代价也是沉重的。难能可贵的是,从1983年国务院召开的第二次环境保护会议把环境保护定为基本国策,到后来的可持续发展理念,尤其是党的十八大以来倡导的绿色发展理念,都体现出党和国家对环境问题认识的逐步深化。

环境保护工作开启后首先碰到的是关于"钱"的问题,具体来说就是保护和改善环境所需要的资金如何筹集、向谁筹集、谁来筹集,又如何支出、由谁支出等问题。环境是具有非竞争性和非排他性的公共物品,经济学理论界通常把公共物品供给不足归为市场失灵的一种表现,而市场机制中不存在激励相容的保护环境的机制。市场失灵的时候需要政府介入,政府可以采用规制方法和经济方法,其中,采用经济方法解决环境问题主要就是依靠环境财政来实现。

我国环境财政制度建设起步较晚。虽然1994年国家实行分税制后,对环境事权和支出责任进行了初步划分,但主要的制度建设大多起步于21世纪。例如,2004年设立中央环保专项资金,2005年建立生态环境补偿制度,2006年国家预算收支科目体系中设置"环境保护"类级科目,2008年实施生态功能区转移支付制度,2016年开征环境保护税,等等。2014年新修订的《中华人民共和国环境保护法》,以及相继出台的10余部环境保护法律、20余部自然资源法律、30余部环境保护行政法规(国务院令)等,都对环境财政事权与支出责任在法律法规层面进行了划分和界定。2018年国务院组建生态环境部,把原来分散的污染防治和生态保护职责统一起来。2020年国务院办公厅印发的《生态环境领域中央与地方财政事权和支出责任划分改革方案》,为中央和地方生态环境事权和支出责任的划分提供了依据,初步构建起中国生态环境治理财政事权与支出责任框架体系。

前　言

我国尚未完全建成体系完整、层次分明、实施有效的环境财政制度体系。财政在生态环境治理和绿色发展中的功能定位、作用机理机制，以及如何实现生态环境财政治理体系和治理能力的现代化等重大理论及实践问题，都有待深入研究。

本书的主要研究思路是以环境经济学和环境财政学作为理论分析基础，以新时代环境治理和经济发展的内在关系为研究主线，通过对改革开放以来我国环境治理的政策和制度进行梳理总结，对新时代环境财政中存在的环境财政收入问题、环境财政支出问题和环境财政转移支付问题做出回应。通过对理论的梳理总结，建构价值定位，旨在探索新时代预算硬约束条件下环境财政的法治化路径。

本书共分为六章。

第一章是环境财政理论概述。本章首先介绍环境财政的理论基础，即公共财政理论，其次介绍环境财政的基本问题、研究范式和分析框架，最后总结新时代环境财政理论的发展与创新。

第二章是我国环境财政政策发展历史检视。本章对 1973 年至 2018 年我国召开的 8 次全国环境保护大会的主题和内容进行回顾，分析不同阶段环境财政政策目标、政策工具等的变化规律。

第三章是我国环境财政收入及相关制度。本章首先介绍环境税收体系，它以环境保护税为主体，涵盖消费税、资源税、车船税等绿色税种，其次介绍环境债券的概念、特征、监督等内容，最后介绍环境保护基金的概念、性质和资金来源等内容。

第四章是我国环境财政支出及相关制度。本章首先阐述政府间环境财政事权和支出责任划分的理论依据和我国环境事权的划分现状，其次介绍我国环境财政支出的对象类型，最后阐述我国环境财政支出相关制度，包括预算与绩效评估、支出程序、信息公开和公众参与等内容。

第五章是我国环境财政转移支付制度。本章首先介绍环境财政转移支付制度的内涵、法律关系及其在我国的实践情况，其次分析中央对地方的一般转移支付和专项支付，最后分析以生态补偿为核心的横向转移支付制度。

第六章是我国环境财政政策评估制度。本章首先阐述环境财政政策评估的含义和基本理论、发展历程与特征,其次介绍环境财政政策评估制度的框架结构,再介绍环境财政政策评估内容与指标,最后介绍环境财政政策评估的基本程序与方法。

目　　录

第一章　环境财政理论概述 … 1

　第一节　公共财政理论：环境财政的理论基础 … 1
　　一、公共财政的概念 … 1
　　二、公共财政理论的历史演进 … 2
　　三、公共财政的研究对象 … 4
　　四、与环境财政有关的主要理论 … 6

　第二节　环境财政的基本问题、研究范式和分析框架 … 13
　　一、环境财政的基本问题 … 13
　　二、环境财政的研究范式 … 16
　　三、环境财政的分析框架 … 17

　第三节　新时代环境财政理论的发展与创新 … 20
　　一、我国环境财政理论的历史演进 … 21
　　二、新时代对环境财政体制提出新要求 … 23
　　三、新时代环境财政理论的思维转向 … 25
　　四、新时代环境财政理论的创新 … 27

第二章　我国环境财政政策发展历史检视 … 31

　第一节　环境保护基本国策与环境财政政策支持 … 31
　　一、环境保护基本国策确立：背景、政策与制度建设 … 31
　　二、环境保护基本国策下的环境财政政策目标 … 39
　　三、环境保护基本国策下的环境财政政策工具及政策措施
　　　　… 40

四、环境保护基本国策下的环境财政政策实施效果分析……44
第二节　可持续发展战略与环境财政政策支持……………46
一、可持续发展战略确立：背景、政策与制度建设………46
二、可持续发展战略下的环境财政政策目标………………49
三、可持续发展战略下的环境财政政策工具及政策选择……50
四、可持续发展战略下的环境财政政策实施效果分析……54
第三节　绿色发展理念与环境财政政策支持………………59
一、绿色发展理念确立：背景、政策与制度建设…………59
二、绿色发展理念下的环境财政政策目标…………………66
三、绿色发展理念下的环境财政政策工具及政策选择……67
四、绿色发展理念下的环境财政政策实施效果分析………73

第三章　我国环境财政收入及相关制度……………………75
第一节　环境税收及相关制度………………………………75
一、环境保护税概述…………………………………………75
二、与环境保护有关的其他税种……………………………84
第二节　环境债券及相关制度………………………………89
一、环境债券概述……………………………………………89
二、地方政府环境专项债券…………………………………91
第三节　环境保护基金及相关制度…………………………94
一、环境保护基金概述………………………………………94
二、环境保护基金资金来源…………………………………99

第四章　我国环境财政支出及相关制度……………………102
第一节　环境事权与支出责任………………………………103
一、环境事权与支出责任的法律依据………………………103
二、环境共同事权概述………………………………………106
三、地方政府环境事权与支出责任概述……………………109
第二节　环境财政支出的对象类型…………………………111

　　　　一、环境事务管理支出 …………………………………… 111
　　　　二、基础预防支出 ………………………………………… 115
　　　　三、污染防治减排支出 …………………………………… 120
　　　　四、长远防治支出 ………………………………………… 123
　　第三节　环境财政支出制度 …………………………………… 124
　　　　一、环境预算与绩效评估制度 …………………………… 124
　　　　二、环境财政支出程序制度 ……………………………… 128
　　　　三、信息公开与公众参与制度 …………………………… 130

第五章　我国环境财政转移支付制度 …………………………… 133
　　第一节　环境财政转移支付制度概述 ………………………… 133
　　　　一、环境财政转移支付的内涵与作用 …………………… 133
　　　　二、环境财政转移支付法律关系 ………………………… 136
　　　　三、我国环境财政转移支付的实践 ……………………… 139
　　第二节　中央对地方环境财政转移支付制度 ………………… 142
　　　　一、中央对地方环境财政转移支付概述 ………………… 142
　　　　二、基于环境保护的中央对地方一般转移支付 ………… 145
　　　　三、中央对地方环境财政专项转移支付制度 …………… 148
　　第三节　以生态恢复补偿为中心的横向环境财政转移支付制度
　　　　　　　………………………………………………………… 150
　　　　一、省级政府间的横向环境财政转移支付制度 ………… 150
　　　　二、重点生态功能区的横向环境财政转移支付制度 …… 151
　　　　三、流域横向环境财政转移支付制度 …………………… 153

第六章　我国环境财政政策评估制度 …………………………… 157
　　第一节　环境财政政策评估制度概述 ………………………… 157
　　　　一、环境财政政策评估的含义和基本理论 ……………… 157
　　　　二、环境财政政策评估制度发展历程与特征及成本 …… 160
　　第二节　环境财政政策评估制度的框架 ……………………… 163

一、以先进的理念作引导 …………………………………… 163
二、通过立法明确评估的对象范围、原则及流程………… 164
三、构建完善的环境财政政策评估技术方法体系 ………… 165

第三节 环境财政政策评估内容与指标 ………………………… 166
一、环境财政政策评估内容 ………………………………… 166
二、环境财政政策评估指标 ………………………………… 167

第四节 环境财政政策评估基本程序与方法 …………………… 171
一、环境财政政策评估基本程序 …………………………… 171
二、环境财政政策评估方法 ………………………………… 173

参考文献 …………………………………………………………… 177

第一章　环境财政理论概述

环境财政作为公共财政的组成部分,其基本理论应从公共财政理论中析出,环境财政的起因、对象、目的和决策也需借助公共财政理论的外部性理论、环境公共物品理论和公共选择理论予以廓清。

在市场经济条件下,环境公共物品的供给难以通过市场机制实现,市场失灵和环境公共物品需求之间的矛盾催生了环境财政。不仅如此,这一矛盾还界定了环境财政的活动范围:只有在市场失灵和环境公共物品需求同时存在的情况下,环境财政才能发挥作用。

就性质而言,生态保护和环境治理所产生的环境改善属于社会公共物品范畴,具有非竞争性和非排他性特征。而生态保护和环境治理的社会公共利益属性,以及社会公众对环境改善的强烈需求,客观上要求政府提供更为有效的公共财政支持。

第一节　公共财政理论:环境财政的理论基础

一般认为,公共财政理论肇始于亚当·斯密的古典经济学,兴起于凯恩斯的政府干预理论,发展于布坎南的公共选择理论,并由马斯格雷夫进行系统总结。在我国,随着1998年公共财政建设正式进入政府部门工作议程,学术界关于公共财政的理论研究开始勃兴,取得了关于公共财政问题的一系列研究成果,为深入开展环境财政研究奠定了理论基础。

一、公共财政的概念

20世纪70年代,300多年前就已出现的公共财政理论又逐渐得到人们的关注和重视,这一方面源于西方市场经济滞胀的社会现实,另一方面源于对凯恩斯理论无休止的争论。这些理论上的探讨最后集中于对财政职能的具体剖析。以布坎南、图洛克和斯蒂格利茨为代表的一批经济学家将财政作为公共部门经济,并从市场失灵理论角度出发,集中研究社会公共需要及满足这一需要的产品——公共物品,分析了决定公共物品生产及分配的过程,以及生产公共物品的机器——国家的组织和机构。这些经济学家认为,与私人物品具有竞争性和排他性不同,公共物品具有非竞争性和非排他性,虽然其存在巨大的社会需求,但难以通过市场交换活动予以供给,客观上需要政府通过财政而非市场提供。

关于公共财政的概念,国内学者大多是围绕公共物品展开的。张馨认为,公共财政是指国家(政府)集中一部分社会资源,用于为市场提供公共产品和服务,满足社会公共需要的分配活动或经济行为。① 岳松认为,所谓公共财政,是指国家(政府)为市场提供公共产品和服务的分配活动或经济行为,它是与市场经济相适应的一种财政模式或类型。② 也有学者认为,公共财政是在市场经济体制下,以市场机制在资源配置中发挥决定性作用为基础,在划分公共需要和私人需要的前提下,为弥补市场缺陷和为公众提供公共产品和公共服务而采取的一种财政类型和财政模式。③

概括而言,公共财政可以视为市场经济条件下国家提供公共产品或服务的分配活动或分配关系,包含市场失灵、政府职能、公共物品或公共需要等关键内容。环境是一种典型的公共物品,对环境的保护和治理同样需要面对市场机制的局限性和政府职能划分等相关问题。因此,环境财政理论可以作为公共财政理论在环境领域的延伸和应用。

二、公共财政理论的历史演进

西方关于公共财政的理论探讨,主要围绕市场"一元论"和市场与政府"二元论"的争论,或者说在市场经济条件下政府应当发挥什么样的作

---

① 张馨.公共财政论纲[M].北京:经济科学出版社,1999:1.
② 岳松.财政与税收[M].北京:清华大学出版社,2008:3.
③ 《公共财政概论》编写组.公共财政概论[M].北京:高等教育出版社,2019:12.

用而展开的。

在亚当·斯密的经济学理论中,市场机制被认为是进行资源配置的有效利器,不需要政府干预,每一个"经济人"都能够解决自己的利益问题。在此情况下,政府承担"守夜人"职责,"量入为出"成为一项财政原则。虽然亚当·斯密也认为建设并维护某些公共事业及设施是政府的义务,但其主要政策主张还是强调市场作用的发挥:有一只看不见的手在冥冥之中操纵着社会的运行,使得人人为自己的经济活动最终产生一个大家都获利的社会结果,市场经济既然有如此妙用,对它的任何干预都是不可取的,不断增加国民财富的最好办法就是给经济以完全的自由。

古典经济学从生产和供给方面分析经济运行的基本逻辑,忽略收入分配的不均衡性,并假定生产(投资)与消费、供给与需求是平衡的。但该学派的理论在20世纪30年代的大危机面前受到严重挑战:有效需求不足严重阻碍了社会经济的继续发展。在凯恩斯看来,虽然在保证个人自由并激发个人释放其创造性上,自由市场制度总体上是有效的,但也会产生有效需求不足的现实问题,如果政府不加以干预,失业和经济危机就会持续存在。因此,凯恩斯认为,为弥补自由市场的有效需求不足,政府应当通过财政支出直接形成社会有效需求。在大危机之后,西方市场经济国家充分认识到政府财政支出在应对经济波动中的重要作用,尤其是在经济出现疲软或有效需求不足的时候,加大政府财政投入,甚至实施"赤字财政"政策以刺激经济恢复活力,成为政府干预经济的主要手段。

在20世纪70年代前,以财政支出弥补自由市场的有效需求不足,或者政府通过财政支出直接形成社会有效需求,在应对市场机制缺陷、解决社会总供给和社会总需求不平衡方面发挥了较为显著的作用,凯恩斯的理论也因此被奉为解决经济危机的良方。但随着西方市场经济国家陆续迈入经济停滞和通货膨胀并存的滞胀阶段,单纯的政府财政刺激对社会经济的影响趋小,以弗里德曼等自由主义经济学家为代表的反凯恩斯主义的经济学理论勃兴。财政支出是否有必要,或者财政支出应当投入哪些领域,成为以布坎南为首的公共选择学派的主要研究课题。公共选择学派根据实施主体和资源来源的不同,把经济区分为由私人投入并通过市场调节的私人部门经济和由政府投入并通过政策调节的公共部门经济两大部分,同时区分了私人部门经济和公共部门经济的不同产品——私人物品和公共物品。私人物品具有排他性质,是可交换的财产权利,所以可以进入市场交易;公共物品不具有排他性和竞争性,所以虽然是社会发展所必需,但难以通过市场提供,只能主要由政府提供,以弥补市场之不足。

被誉为现代财政学之父的美国著名财政学家马斯格雷夫是政府干预主义的坚定支持者,他较多地关注公共物品问题,并在此基础上进一步引用了有益品的概念。在他看来,有益品就是对消费者有益但由于消费者的无知而消费不足的物品。他首先提出按照是否具有非竞争性和非排他性来划分公共物品和私人物品,并提出了财政的三项职能:资源配置、收入分配和经济稳定。马斯格雷夫关于财政三项职能的概括,构建了现代财政学或公共财政理论的框架。

三、公共财政的研究对象

1. 研究财政的起因

一般认为,公共财政介入的原因是市场经济在其自身运行中自发产生的或不可避免的缺陷——市场失灵。这就意味着市场机制不是万能的,有许多事情它做不好,更有一些事情它做不了。例如,环境这种公共物品就不能依靠市场机制来有效提供,当市场机制无法克服外部效应对资源配置的扭曲,无助于解决收入分配不公平、失业和经济波动等问题,甚至市场活动所需要的契约安排和交易秩序也无法由市场机制自身提供的时候,政府干预市场就显得尤为重要。在1929—1933年的经济危机期间,凯恩斯提出的有效需求理论帮助西方国家摆脱大萧条,把财政政策对国民经济的影响提高到前所未有的高度,使得以财政政策为核心的国家干预成为挽救市场失灵的重要选择。

2. 研究财政要解决的问题

市场失灵为政府干预经济提供了一个理由,那么政府要做些什么?一般认为,政府要提供公共物品。公共物品是政府为满足社会公共需要而提供的产品与服务的总称①,具有效用的不可分割性、消费的非竞争性②以及受益的非排他性三个重要特征,最好的例子是国防③。往往与公共物品供给不足相伴而生的是公共风险,因此在公共权力或公共资源基础上实施的一系列政府公共行为,是为居民消费分担风险,从而促进居民基本消费的平等化。④ 围绕着财政提供公共物品这一课题还可细分出研究公共物品的范围、提供数量、生产与定价以及保证公共服务供给的稳定性、有效性和可持续性的相关机制等研究方向。⑤

3. 研究财政活动的目标

人类社会财政活动的基本目标是满足一定社会范围内的社会共同需要,这就决定了财政活动具有社会集中性的基本特征。⑥ "社会共同需要论"为财政理论建立了新的学科核心概念,而这个核心概念的建立实际上是对现有财政理论及其各个分支学科的一场革命,是对中国的国家分配论、对西方的公共财政论的一场革命。⑦ 需要是人类社会发展的初始动因。马克思、恩格斯指出,满足社会需要的社会产品和服务通常具有整体性和共享性,而满足个人需要的社会产品与服务通常具有可分性和独享性。因此,社会共同需要具有集体消费属性,必须通过一定的社会产品供给来实现。

4. 研究财政决策的形成过程

财政决策是公共选择的结果,而不是个人决策的结果。财政预算收支安排、政策选择和调整,无不是凝聚众人集体智慧的产物。财政既是一个经济范畴,又是一个政治范畴,财政决策体现了政治的博弈。公共财政

---

① 李军鹏.公共服务学:政府公共服务的理论与实践[M].北京:国家行政学院出版社,2007:2.
② Samuelson,Paul A. The Pure Theory of Public Expenditure[J]. Review of Economics and Statistics,1954,36(4):387-389.
③ 保罗·萨缪尔森,威廉·诺德豪斯.经济学[M].19版.北京:商务印书馆,2013:43.
④ 刘尚希.财政风险:防范的路径与方法[J].财贸经济,2004(12):29-34+92.
⑤ 孟春,陈昌盛,王婉飞.在结构性改革中优化公共服务[J].国家行政学院学报,2004(04):21-25.
⑥ 何振一.新时期财政分配模式的探索[J].中央财政金融学院学报,1987(06):15-19+85.
⑦ 李俊生.以"社会共同需要"为核心概念构建财政学理论框架体系——关于社会共同需要财政理论的文献研究[J].财贸经济,2012(06):10-14.

要求政府的财政活动必须符合和体现公共意志,实现和增进公共利益。公共选择视角下财政决策强调决策目标的公共性、民主性,在民主运行机制下进行财政决策和管理,要在某种规则下"构造和设计出能最大限度地限制以剥削方式追求个人利益,并引导个人利益去追求整个社会利益的制度和规章"①。财政决策机制必须引入民主选择与民主决策过程,使得其决策结果符合公共意志,代表公共利益。

四、与环境财政有关的主要理论

公共财政理论中的外部性理论、环境公共物品理论和公共选择理论是构建环境财政体系的重要理论基础。

(一)外部性理论

1. 外部性理论的内涵

马歇尔于1890年出版的《经济学原理》中首次提出了"外部经济"概念,将其与"内部经济"相对立,来说明除土地、劳动和资本外的第四种要素"工业组织"对于生产的影响。② 作为马歇尔的嫡传弟子,庇古于1912年出版的《财富与福利》一书中首次用现代经济学的方法从福利经济学的角度系统地研究了外部性问题,在马歇尔提出的"外部经济"基础上扩充了"外部不经济"的概念和内容,将外部性问题的研究方向从外部因素对企业的影响效果转向企业或居民对其他企业或居民的影响效果。此后,一些经济学家相继对该问题展开研究。目前大多数经济学文献是按照萨缪尔森的定义来理解的,即外部性是指那些生产或消费对其他团体强征了不可补偿的成本或给予了无需补偿的收益的情形。如果用数学语言来表述,外部性就是某经济主体的福利函数的自变量中包含了他人的行为,而该经济主体又没有向他人提供报酬或索取补偿,以公式表示,即:

$$F_j = F_j(X_{1j}, X_{2j}, \cdots, X_{nj}, X_{mk}) \quad j \neq k$$

这里,j 和 k 是指不同的个人(或厂商),F_j 表示 j 的福利函数,X_i

---

① 沈玉平.公共选择理论与地方公共财政制度创新[M].北京:中国财政经济出版社,2004:59.

② 张宏军.西方外部性理论研究述评[J].经济问题,2007,330(2):14-16.

$(i = 1, 2, \cdots, n, m)$ 是指经济活动。此函数表明,只要某个经济主体 j 的福利 F_j 除受到他自己所控制的经济活动 X_{ij} 的影响外,还受到另外一个经济主体 k 所控制的某一经济活动 X_{mk} 的影响,就存在外部效应。

2. 外部性与资源配置

外部性可分为正外部性和负外部性。所谓正外部性,是指一个经济主体从事经济活动对其他主体会产生有利的影响,其他主体没有付出成本但能从中获益;所谓负外部性,是指一个经济主体从事经济活动对其他主体产生不利的影响,但其他主体无法获得相应补偿。例如,某人在自己的房前屋后栽种美丽的花卉,给过往的路人带来了愉悦的感受,但他并未从路人的感受中得到任何报酬,这就是正外部性;相反,一家化工厂生产过程中排出的废水和废气给周围居民造成了损害,却没有通过市场交易向这些受害者支付相应的补偿,这就是负外部性。正如萨缪尔森所说,负外部性是无意识的但却是有害的经济行为。如果假定市场行为的自私性成立,我们通常就能够预测出市场结果,即无论何时产生的消极的外部性,如果对个人是有利的,人们就愿意去这样做。从本质来看,外部性源于私人收益和社会收益的不相等。所谓私人收益,即一项私人活动对实施这一活动的个体所产生的净收益。社会收益是指这项活动对实施个体和社会中的所有其他人所产生的净收益之和。

3. 外部性的治理

按照西方经济学家的观点,导致市场失灵的每一个因素都暗含着政府在市场经济中的潜在作用。当市场失灵时,政府应主动治理失灵的市场,其手段和政策有微观的,也有宏观的。针对外部性问题,经济学家也给出了相应的建议。一是政府干预。庇古认为,外部性问题不能通过市场予以解决,必须依靠政府的介入,如政府征税或者发放补贴,从而使私人决策的均衡点向社会决策的均衡点靠近。二是市场机制。科斯认为,只要产权关系明确界定,当交易费用可以忽略不计时,市场失灵问题可通过市场交易实现资源配置来解决,具体而言就是实现外部性的内在化,而外部性内在化有两种形式,即交易主体合并和购买某种权利。

政府可以采取的干预措施主要包括四类。一是价格管制政策。在有些情况下,由供求决定的价格对经济并不是最有利的。例如,在某些生活必需品严重短缺时,政府就要根据形势需要和既定目标,运用行政权力规定并强制执行某些价格。二是消费政策。在现实市场中,消费者的地位一般弱于生产者,表现为对市场行情认识的差异、对产品判断的差异和市场行为的差异,因此卖者更具有市场优势。政府要通过各种政策,如商品质量政策、商品宣传政策、限制消费政策、生产者素质政策等,对消费者进行保护。同时消费不仅仅是个人问题,也是社会问题。政府对消费进行一定干预,既尊重了个人消费自由,又维护了社会整体利益。三是产业政策。厂商的生产和整个社会利益既有一致的一面,也有矛盾的一面。政府有必要通过生产限制、反垄断、民主化等产业政策手段来协调、干预、引导产业的形成和发展。四是分配政策。政府通过税收政策和社会福利政策,正确处理公平和效率的关系,向社会成员提供最低生活保障,向贫困者提供就业机会、医疗教育援助,从而有利于社会公平目标的实现。从宏观上看,政府还可以采取财政政策、货币政策、人力政策、收入政策等,增加社会公共物品的生产,限制和克服经济的外部性,制定规则、提供信息以维护市场秩序,创造良好社会经济环境,减少社会经济波动。

当然政府干预也会遭到一些人的反对,因为任何政府对经济的干预都会造成价格信号的扭曲,从而影响社会资源的有效配置。哈耶克指出,自由预设了个人具有某种确获保障的私域,亦预设了他的生活环境中存有一组情境是他人所不能干涉的。此外,奥地利经济学家米塞斯等人也强调市场机制调节经济的完善性,反对国家的直接干预。

(二) 环境公共物品理论

1. 环境的公共物品属性

从经济学角度来讲,环境属于公共物品,具有非竞争性和非排他性特点。环境污染具有典型的负外部性,会产生不能完全反映到市场交易价格中的额外社会成本。环境保护具有较强的正外部性,较难排除"搭便车"的情况。

环境作为一种特殊的公共物品比其他任何公共物品都更重要。由于空气、水体、土壤质量的保持与维护具有强烈的外部性,人们在保护它们不受污染的时候,可能会与某些小集体的经济利益产生冲突,从而引发

"公地悲剧"现象。小集体仅顾及自己的局部利益,认为总体生态环境是社会的事情、国家的事情。当大家均以邻为壑地发展时,其最终结果就是整个国家乃至于整个人类的生存环境都会受到冲击甚至被完全破坏。

2. 环境公共物品需求的确定方法

按照经济学研究范式,环境公共物品需求可被视为消费者在特定时期内愿意并且能够支付的每一种环境公共物品的数量,或是所有消费者对给定数量的环境公共物品愿意支付的价格或者补偿金额。林达尔均衡模型和萨缪尔森公共支出最优条件均表明,实现公共物品有效供给的前提是揭示消费者对公共物品的真实需求。环境公共物品具有一定的非排他性和非竞争性,往往无法通过个人需求的简单加总来获得社会总需求,因此如何确定环境公共物品需求成为关键。①

从理论层面来说,研究者可采取间接显示偏好法、直接表述偏好法两种方法来确定社会环境公共物品需求。间接显示偏好法基于弱互补性理论,通过可观察到的市场数据来确定公共物品需求,如旅行费用法、享乐价格法等。与之相对应,直接表述偏好法则是直接了解消费者需求,包括投票法和调查法两种方法。其中,投票法是一种局部均衡分析方法,它将公共物品的供给成本(消费者的税负)与消费者对公共物品的偏好结合起来,揭示消费者对公共物品的需求。调查法则是目前在公共物品评估中应用较为广泛的方法之一,它通过在市场中发放调查问卷来考察消费者对环境资源支付意愿和当地居民补偿意愿。

当环境公共物品的产权不属于消费者时,研究者通常采取支付意愿法确定环境公共物品需求。根据边际效用递减规律,消费者在一定收入水平下,对环境质量的边际支付意愿也符合递减规律,用支付意愿表示的需求线是一条向右下方倾斜的曲线。支付意愿法通常采用直接向环境公共物品消费者进行提问的方法,了解消费者为得到不等数量或者质量的环境公共物品而愿意支付的金额。需要注意的是,利用支付意愿法确定的环境公共物品需求可能是被低估的,因为支付意愿调查隐含了消费者

---

① 冯海波.公共品需求偏好显示机制:一个理论回顾[J].产经评论,2012,3(02):89-96.

不拥有环境公共物品所有权的假设前提,在被提问时消费者总是会考虑政府是否会根据个人支付意愿对此类型环境公共物品进行征税或者收费,这样一来,消费者就会通过低估自己的付款意愿来减少未来可能的支出,使得付款意愿水平一般会低于实际水平。

当环境公共物品的产权归属于消费者时,研究者通常采取补偿意愿法来确定环境公共物品需求。补偿意愿法是发展中国家在一些条件价值研究中所采取的福利计量方法,其实质是通过一定的政策手段实现生态保护外部性的内部化。补偿意愿法具有系统复杂性、多因素关联性、区域差异性和特殊性等特点,测算过程复杂,受多种因素的影响,其中核心的因素是利益。研究者一般会通过调查问卷,咨询公共物品的消费者或者公众愿意接受多少补偿金额才可以放弃环境公共物品使用权,如接受多少补偿金额才可以容忍化工厂排放废水、废气等。而采取补偿意愿法确定的环境公共物品需求可能是被高估的,因为消费者作为理性人,当其出让所持有的环境公共物品产权时,自然希望能够获得更多的补偿,最好补偿金额大于其污染防治的付出,故往往会给出高于实际的回答。

无论是支付意愿法还是补偿意愿法,都存在一定的不足,会导致估算出的社会需求与实际需求存在偏差,因此在实际运用中可结合各自优缺点,设计综合投票或调查方案,尽可能准确地把握消费者的环境公共物品需求。

3. 环境公共物品的供给模式

环境公共物品的供给可以采取政府供给、市场供给以及政府和市场联合供给三种模式。

政府供给的优势在于可利用自身优势解决"搭便车"行为和正外部性问题,节约交易成本,减少市场供给造成的部分效率损失,并有助于公平目标的实现。但是政府供给也可能导致环境公共物品供给的低效率,原因在于:第一,由于环境公共物品的属性,理性人倾向于隐瞒自己的真实偏好,政府无法获得环境公共物品的真实需求信息,难以确定最优供给数量和市场交易价格;第二,政府对环境公共物品的供给一般采取垄断方式,部门之间缺乏竞争和有效激励机制,加上信息不公开,政府难以评估供给效率;第三,政府官员"经济人"的行为假定可能使他们因追求自身利益最大化而占用过多预算资源,从而导致环境公共物品的过度供给。

市场供给的优势在于能充分激发效率,劣势在于可能存在垄断、分配不公等市场失灵问题。市场供给的基本原则是边际收益等于边际成本。对于纯环境公共物品,市场可能不愿意供给;但是对于混合物品,因为其兼具私人物品和公共物品的部分属性,会吸引部分市场主体来提供。

政府供给和市场供给都有各自的供给范围,因此,制定环境公共物品供给模式的关键在于合理地界定政府和市场的活动边界,也就是划分各自的供给领域。一般来说,纯环境公共物品具有非竞争性和非排他性,应由政府来提供;而私人物品属性相对较强的环境公共物品,一般具有一定的竞争性或排他性,可以在政府的激励引导下,由政府和市场联合提供。例如,有些地方政府利用PPP模式建设污水处理厂,这种PPP模式就是政府和社会资本合作,共同运作公共基础设施建设项目的一种模式。

(三) 公共选择理论

公共选择理论产生于20世纪50年代,它运用经济学的工具来研究政治科学中的基础问题。勃劳德、孔多塞、维克塞尔、林达尔等都为公共选择理论的发展做出了自己的贡献,图洛克、布坎南等都是公共选择学派的代表人物,布坎南作为学派领袖还获得了诺贝尔经济学奖。公共选择理论的最大特点是将经济学中的一些研究方法引入政治过程研究。

1. 政府环境行为的"经济人"特征

大多数公共选择理论家都坚持"经济人"假设,并把其作为逻辑基础来推导政治市场上个体的一般行为。他们认为市场决策的主体和政治决策的主体都是"经济人",都受自身效用最大化的引导。公共选择对"经济人"运用范围的拓展,使经济学最基本的分析方法——成本收益法得以从市场决策领域扩展到政治决策领域。

政府环境行为具有"经济人"特征,即在既定的约束下,政府经济主体有使自己收益最大化的行为动机。既定的约束条件是指各种法律、道德等正式和非正式制度的约束;收益最大化包括货币和非货币收入;行为动机是指主观上的目的指向。

2. 信息公开与公众参与

公众参与环境保护监督,有助于环保部门更好地作为。环保部门为推动公众参与而出台的《环境保护公众参与管理办法》《环境影响评价公众参与办法》《关于推进环境保护公众参与的指导意见》和《环境信息公开办法(试行)》等规章,都对公众参与做出了规定,明确了公众参与环保的方式、监督举报方法、保障措施等,为公众参与环保提供了坚实的制度保障。但是,当前我国公众参与环境保护的机制还不健全,很多措施不能在实践中得到有效执行,这严重影响了公众参与环保的有效性。

确保信息公开透明化,保障公众的知情权,是进一步完善公众参与机制的重要保障。为实现信息公开,政府和企业需要搭建完善的信息发布平台,为公众合法获取环境信息提供更加多样化的渠道和途径。政府以及企业及时发布环境相关信息,明确责任人,针对不向公众公开信息的行为追究相关责任人的责任,予以一定的处罚,从而在法律上保障信息公开的有效执行;对公开的信息内容进行明确规定,使其简单易懂,让公众看懂并理解;召开听证会时,积极采纳公众的意见和建议;采用多种参与形式,例如,向公众开放环保设施,让公众近距离参观和了解环境保护政策的执行情况。

3. 投票机制与环境价值选择

投票本身也类似于公共物品,投票参与人在投票活动中表现出来的许多行为模式适用于对公共物品博弈(实验)的分析。实践中,研究者更多地把投票作为一种揭示偏好的工具,将投票视为一种发现并调和个体利益与整体利益的手段,从而为解决矛盾提供路径和方向。

然而,利用投票加总个体偏好很难找到一个最优方案。无论从投票机制还是从参与人行为的角度分析,总有一些因素游离于研究视野之外。本质上,投票只是发现和解决矛盾的一种手段,并非天然地与政治或民主制度结合在一起。二者在现实中的结合也仅因为投票是一种加总个体偏好以揭示社会偏好的手段,且并非唯一手段。投票手段的应用是存在边界的,只有在公共利益冲突明显且难以采取其他手段解决的情况下,以及在个体利益与整体利益存在矛盾时,投票手段的经济和社会效率才是最高的。

改善生态环境已经成为我国公众的一致诉求,政府作为环境治理的核心主体,主导着整个社会的环境治理绩效水平。研究政府在所参与治理领域的价值选择,是近年来兴起的以公共价值为基础的政府绩效治理理论研究的基础工作。近年来,运用该方法研究公共管理问题在众多领域取得成效,如地方政府绩效评估、公共项目绩效治理、政府战略管理、生态政策绩效、环境治理、网络治理绩效评价以及政府绩效改进等。

第二节　环境财政的基本问题、研究范式和分析框架

一、环境财政的基本问题

环境财政,是指政府利用财政政策工具调节市场主体行为,参与环境资源的生产、分配、交换、消费环节的经济活动。环境财政是公共财政的重要组成部分,研究环境财政的目的是把握政府环境保护事务收入与支出等经济活动的运行规律,为解决环境问题提供行之有效的财政政策组合。

(一) 环境财政的研究对象

对于环境财政的研究,西方学术界偏重对环境税制的改革研究。有学者重点考察环境税收(收费)以及环境税制改革[①],经济合作与发展组织希望通过增加财政收入来推动实现环境目标的一系列税收和价格措施[②],欧洲环境局则把环境财政改革看作通过环境税制改革、削减环境不利补贴以及创造对环境有益的财政刺激等措施来促进可持续发展的一种政策工具[③]。

我国学术界侧重于把环境财政看作政府环境收入和支出活动。例如,有的学者认为,环境财政是一种通过政府财政干预,促使经济主体在

---

① Carlo Carraro, Domenico Siniscalco. Environmental Fiscal Reform and Unemployment [M]. Dordrecht: Springer, 1996: 11.
② OECD. Security System Reform and Governance DAC Guidelines and Reference Series [M]. Paris: OECD Publishing, 2005: 141.
③ 王政. 欧盟环境税制改革的经验和启示[J]. 国际经贸探索, 2013, 29(10): 11.

市场行为中选择主动保护环境、减少浪费、合理利用环境资源的财政手段。① 还有学者认为,环境财政是国家为保护生态环境和自然资源,向社会和公众提供环境服务以保障国家生态安全所发生的政府收入与支出活动。② 将环境财政定义为政府收支活动,可以把收支、预算、征收等行为概括进来,但仍然不能完全概括其本质。

综合地看,环境财政的研究对象,除了包括政府收支活动以外,还包括调节控制活动、监督管理活动等,是一个涵盖政府环境职能,政府与环境相关的收支活动,以及围绕收支所形成的调控、监督、绩效管理等活动的完整体系。

(二) 环境财政的职能

环境财政是政府履行环境保护管理职能的具体体现,是保证政府履行政治承诺和环境管理事权最重要的手段之一。环境财政的职能包括资源调节职能、行为引导职能和资金保障职能。

1. 资源调节职能

资源调节职能,是政府以公共物品定价理论为基础,通过采取税收、定价、补贴等方法,调节社会对生态环境和自然资源的经济行为,以达到合理使用资源、减少资源浪费、提高资源利用效率的目的,如在资源开发环节征收资源税等。

2. 行为引导职能

行为引导职能,是政府以外部性理论为基础,通过构建绿色税收制度,筹集环境保护所需资金的同时,引导企业加大环境保护投入,减少污染排放,实现绿色生产;同时,政府鼓励消费者使用节能产品,实现绿色消费,助力生态文明发展。

3. 资金保障职能

资金保障职能,是政府以公共物品理论为基础,通过执行环境财政支出制度,支持政府相关部门履行保护生态环境和自然资源的职能,向社会

---

① 马中,蓝虹.建立环境财政是我国发展市场经济的必然选择[J].环境保护,2004(11):44-47.
② 葛察忠,王金南,高树婷.环境税收与公共财政[M].北京:中国环境科学出版社,2006:15.

提供公共环境服务;同时,政府监督环境保护财政资金的使用效果和效率。

(三) 环境财政的基本特征

环境财政的基本特征与财政体制密切相关,有什么样的经济和财政体制,就会有什么样的环境财政。环境财政的特征间接地反映了经济与财政的特征,以及社会结构与制度安排的总体特征。具体来说,环境财政的基本特征体现在以下几个方面。

1. 系统性特征

环境财政是公共财政体系的重要组成部分,是一个相对独立和完整的体系。这个体系由财政预算、税收、社会资源再分配、公共开支和公共开支效果评估等多环节组成,涉及政治、经济、社会文化等诸多因素,具有复杂性。

2. 政策工具特征

财政本质是对国民收入和社会资源的再分配,是以国家或政府为主体的社会再分配,体现国家的政治倾向和政府公共政策的范围、社会政治权力结构与社会权利分配状况。因此,环境财政可以成为解决环境资源可持续利用问题的重要政策工具。

3. 目标综合特征

环境财政的目标主要是减少污染排放,实现绿色发展。不同于通常的经济政策目标或公共财政目标,环境财政的目标具有多元性特点,体现了经济、社会、自然和谐发展的综合要求。

4. 相对稳定性和发展变动性有机统一的特征

政府是由许多拥有不同程度自主权的机构组成的复合体系。中央和各级地方政府之间的财政关系,同级政府、国有企业和其他自主或半自主实体间的财政关系,决定了财政收入的筹集和支出的分配具有相对稳定性。但是,社会需要、经济结构、政府职能和公共财政体制是不断发展变化、日趋成熟的。因此,环境财政既要按照财政体制保持一定的稳定性,又要随着环境治理需求的变化在规模、结构、阶段目标等方面呈现出一定的变化性,需要在相对稳定的体制下保持动态变化。

5. 现代性特征

现代性特征反映了社会发展中财政职能的变迁。环境财政是社会现代化的产物，反映了政府公共服务和公共财政职能范围不断扩大的趋势，体现的是政府在环境服务中应承担的责任和义务。

二、环境财政的研究范式

研究范式是通过研究方法、论述方法、学术评价标准体现出来的学科范式。与公共财政的研究范式一致，环境财政也试图寻找一种资源配置的最优组合，即在有限的可支配资源约束下的最佳环境财政政策目标和环境财政工具的搭配，以最大程度地发挥环境财政的激励作用，服务美丽中国和生态文明建设。

环境财政的政策目标是协调环境与经济的关系，整合财政资源和政策资源，建立国家环境财政体系，实现绿色发展。具体包括以下目标。

第一，合理的环境事权。根据生态环境的公共物品属性，界定政府间环境保护职责和生态建设事权，切实保障国家的公共环境利益。

第二，合理的环境财政支出体系。国家提供的环境公共服务能否实现，归根到底取决于政府有无财力根据政府的环境保护事权，安排环境财政资金，建立规范的环境财政转移支付制度，平衡地区间的环境成本和收益。

第三，与环境支出相匹配的收入体系，如扩大资源征税范围，完善环境保护税等。

第四，有效的环境财政的体制保障。明确有关部门的环境财政职能，如制定与环境相关的产品和服务价格，做出与环境财政支出和环境税费政策相关的决策等。

环境财政工具是指能够影响环境治理的财政手段，是国家为了实现环境财政目标而采取的方法、手段或措施，它是社会经济发展到一定阶段的产物，且因时因势而变，有税费、债券、投资、补贴、补偿等多种形式。环境税费主要是针对环境污染行为和可能带来污染的产品征收，如环境保护税、消费税等。环境债券是指为筹集环境治理或生态恢复所需资金而发行的有价证券，可以为政府提供相对稳定的环境资金。环境投资是直接财政行为,指政府通过税费、债券等方式筹集资金后,根据生态保护和污染治理的需要,直接投资于各种环境工程,如污水处理、大气污染防治、固体废弃物处理、垃圾填埋或焚烧等。环境补贴则需要企业和个人的配合,表现为直接性的拨款或贴息,以及间接性的税收优惠,如减免税、设备抵免、加速折旧等。政府通过环境补贴措施,鼓励企业研发更先进的环保技术,鼓励消费者更多地使用环境友好型产品,以降低对环境的不利影响。生态补偿是指以生态维护和环境保护为目的,由生态环境的受益者向受损者支付的补偿金或给予的其他经济支持,旨在平衡不同主体因保护或破坏生态环境而产生的环境利益及经济利益关系。此外,资源定价制度、环境押金制度、环境奖励制度等也可以作为财政工具使用。

作为一个实践性特点突出的研究体系,环境财政在探讨环境财政政策目标和财政工具的安排时,要体现规范研究和实证研究的有机统一,现状研究和趋势研究的有机结合。一方面,围绕如何实现资源配置最优,进行一般性的规律总结,通过对历史经验的梳理研究,把握不同阶段、不同地区的环境财政政策目标的侧重点,锁定与目标相适应且能够最大程度发挥财政作用的工具手段,明确环境财政政策目标最大化的实现机制和影响因素。另一方面,对即将面临的环境问题和财政应对策略进行预判,确保理论研究升华于实践、服务于实践。

三、环境财政的分析框架

(一) 环境财政的研究起点

市场经济这只"看不见的手"在环境资源配置过程中发挥着重要作用,而市场经济本身的局限性可能会影响到生态治理效果,这是环境财政研究首先需要明确的问题。

1. 市场的自利性使生态治理主体消极参与

基于公共选择理论分析,市场主体都是理性的自利主义者,普遍具有经济学预设的"理性经济人"特征。在参与生态治理的过程中,其行为取向是寻求成本最小化和利润最大化。生态产品与服务本质上属于公共物品,具有非竞争性和非排他性特征,不具备私人物品的营利属性,很难让以营利为目的的市场主体积极广泛地参与其中。进一步说,即使部分社会责任感较强的市场主体主动参与其中,当生态产品的边际成本远大于边际效益时,他们往往最终还是会选择消极参与或知难而退。

2. 市场经济的自发性使生态治理责任机制模糊

目前,我国生态治理的原则是"谁污染,谁治理;谁受益,谁补偿"。这些原则在设计上具有倾斜性,一定程度上限制了高污染、高排放企业,保护了生态治理弱势群体。但当前的市场运行规则存在机制不健全、执行力弱、监管困难等问题,导致市场主体自发地规避生态治理责任。

3. 市场经济的盲目性使生态治理区域失衡

我国东部沿海地区经济发达,自然资源较为稀缺,而中西部地区经济欠发达,却拥有丰富的资源。东部地区为了满足巨大的市场需求而低成本地从中西部地区购入自然资源。由于过度、盲目地消费自然资源,严重破坏生态环境,中西部地区不得不以更大的资金投入来治理生态,进一步拉大了与东部地区的发展差距。

总的来说,市场经济的生态治理能力比较弱,市场失灵往往会带来生态治理领域负外部性问题。只有让政府这只"看得见的手"通过宏观调控来主导生态治理、纠正市场经济的局限性,促使外部性问题内部化,我国经济、社会和生态环境才能协调健康发展。

(二)环境财政的基本命题

理论的价值在于指导实践。研究环境财政问题,其核心就是要明确如何发挥财政职能来服务生态环境保护。生态环境不是某个人的需要,而是大家都需要的公共物品。环境财政要解决的基本命题就是如何满足公众对于环境公共物品的需求,这是考虑环境财政制度的基本出发点,也是环境财政制度的价值选择。

生态环境为人类活动提供了最基本的物质基础,所有人类的活动都离不开特定的生态环境。人类在进化过程中不断地与环境进行物质、能量和信息交换,人与环境构成了息息相关的生命共同体。但是当今社会气候变暖、环境污染、土地荒漠化等日益严重的环境问题,引发人们思考:人与自然能否和谐相处,能否找到绿色发展创新之路?我国政府把环境保护定位为一项基本国策,党的十八大把生态文明建设纳入"五位一体"总体布局,党的十九届三中全会提出"坚持和完善生态文明制度体系,促进人与自然和谐共生",都表明党和国家要提供环境公共物品的决心。党的十八大以来,环保体制改革不断深入,在总体顶层设计下,政府在环境保护领域进行了一系列制度创新,例如,修订《中华人民共和国环境保护法》《中华人民共和国大气污染防治法》《中华人民共和国水污染防治法》,颁布《中华人民共和国土壤污染防治法》,实行排污许可制度、环境保护税收制度等,并不断出台具体的实施方案。

"财政是国家治理的基础和重要支柱",环境财政作为调控环境资源的重要工具,理应坚持其最基本的为公共服务的价值理念,助力环境改善,推动绿色发展,实现生态文明。

(三)环境财政的研究范畴

环境财政的研究范畴包括环境财政事权和财权、环境财政收入、环境财政支出、环境财政转移支付、环境财政政策评估等内容。

1. 环境财政事权和财权

环境财政事权和财权是财政事权和财权在环境治理中的体现。环境财政事权指的是谁应该承担环境财政支出的责任。环境财政财权指的是决定环境税收收入在各级政府间分配的权力。财政理论认为,事权和财权应该匹配,才能更好地发挥财政的职能。在我国,环境保护的责任和事权主要在地方,所以我国环境保护税的收入归属地方。此外,还可从两个角度来理解这项制度安排:一是环境保护税的税收规模较小,留给地方不会影响中央政府收入和调控能力;二是可激励地方加大环境保护力度,改善地方生态环境。

2. 环境财政收入

环境财政收入指的是用某种方式筹集与环境有关的财政收入,包括一般公共预算环境收入、政府性基金收入和国有资本经营收入。一般公共预算环境收入,主要由环境税费、绿色税种、融入型环境收入构成。环境税费主要是环境保护税;绿色税种包括资源税、车船税和车辆购置税等;融入型环境收入包括燃油税、绿色关税、绿色商品税和土地使用税等。政府性基金收入包括核电站乏燃料处理处置基金收入、可再生能源电价附加收入、船舶油污损害赔偿基金收入、废弃电器电子产品处理基金收入等。国有资本经营收入包括国有环境保护资本的利润、股息等收入。

3. 环境财政支出

环境财政支出指的是环境财政资金的使用分配,由一般公共预算环境支出"211环境保护科目——节能环保支出"、专项资金和准财政支出组成。节能环保支出下设生态保护类、能源节约类等支出项目。专项资金包括自然保护区专项资金、重金属污染防治专项资金、专项能力建设资金等。准财政支出包括税收优惠(税式支出)、财政补贴等。

4. 环境财政转移支付

环境财政转移支付指的是用于环境治理的财政转移支付,由一般转移支付和专项转移支付组成。在一般转移支付制度安排中,若充分考虑了生态环境因素,则地方政府生态环境保护力度越大、支出越多,从中央政府获得的一般转移支付也就越多。此外,还存在着众多直接针对环境保护的专项转移支付,如退耕还林还草转移支付、资源枯竭城市转移补助和国家重点生态功能区转移支付。专项转移支付基本上是采用"一事一议"的项目法,不同地区不同类型的专项转移支付有专门的资金管理方法。

5. 环境财政政策评估

环境财政政策评估是指通过构建一系列的量化指标,以此考核环境财政政策效应,并将考核结果与预期的目标相对比,从而对环境财政政策进行评定和估算,其实质是对政府环境治理活动效果的评价。

第三节 新时代环境财政理论的发展与创新

党的十八大以来,以习近平同志为核心的党中央高瞻远瞩,深刻总结人类文明发展规律,将生态文明建设融入经济建设、政治建设、文化建设和社会建设各方面,提出了"五位一体"的总体布局,开启了新时代环境治理的新篇章。与此同时,党的十八届三中全会提出财政是国家治理的基础和重要支柱,随着现代财税体制改革不断走向纵深,理论界展开了一系列关于中国特色社会主义财政理论的反思和总结,形成了以人为本、化解公共风险等财政理论共识。受此影响,环境财政理论也迎来新的发展和创新,为破解新时代环境治理的新命题、新任务提供了重要的理论支撑。

一、我国环境财政理论的历史演进

我国环境治理的实践经历了从先污染后治理到预防和治理并重的转变,同时形成了具有中国特色的环境财政理论。表1.1总结了我国环境财政理论的历史演进,具体而言,主要包括了以下几个时期。

表1.1　　　　　　　　环境财政理论的历史演进

阶段	时间	理论
萌芽时期	1970—1989年	20世纪80年代国内学者提出了环境财政概念,多从学理和政策实践上讨论财政税收在环境领域中的重要性,没有形成系统的环境财政理论
发展时期	1990—2013年	市场经济建立,环境治理用"庇古手段"还是"科斯手段"引发诸多争论,最终形成了一定的共识:既要用政府强制力约束微观主体行为,又要让市场发挥决定性作用
成熟时期	2013年至今	多主体共治共享环境财政,财政发挥协调和导向作用,引导市场中微观主体的行为,完善以价格和竞争为核心的市场机制,建立社会组织的环境公共物品供给机制,构建"市场—政府—社会"三维协同共治的生态环境治理体系和生态环境公共服务供给机制

资料来源:卢洪友,潘星宇.建国以来生态环境财政理论机制变迁[J].地方财政研究,2019(2):24-32.

一是萌芽时期。随着环境污染问题的日益严重,20世纪80年代我国开始重视环保工作,但是由于财政处于"紧运行"状态,无法满足环境保护对财政资金的需求,投入者主要是"企业和相关管理部门"[①]。20世纪80年代后期,环境财政概念被提出,财政学、环境经济学等诸多领域的学者从学理和政策实践两个层面讨论财政税收在我国生态环境治理中的重

---

① 曲格平.生态经济的几个课题[J].环境管理,1983(01):3-8.

要性。

二是发展时期。随着改革开放的深入推进、市场经济的逐步建立,经济学界和实务界对环境治理是采用"庇古手段"还是"科斯手段"有诸多争论。"庇古手段"主要通过征收环境税(费)把外部性内在化,而"科斯手段"则以产权界定明确、交易成本为零为前提,认为市场能实现有效的资源配置,可见前者强调的是政府手段,后者强调的是市场手段。两者在实际操作中都会遇到难以逾越的障碍,例如,要想征税,就必须准确知道私人成本(收益)和社会成本(收益),这样才能确定税率,使外部性内在化;要想让市场主体自行解决,交易成本也不可能为零,而且产权界定也需要成本。因此,单独依赖任意一种手段都无法解决现实问题,学者们逐渐达成了共识:环境治理一定要将两种手段结合起来,不仅要用政府强制力约束微观主体行为,还要让市场发挥决定性作用。

三是成熟时期。党的十九大提出要"构建政府为主导、企业为主体、社会组织和公众共同参与的环境治理体系",协同推动生态环境改善和经济高质量发展。财政应当发挥协调和导向作用,引导市场中微观主体的行为,完善以价格和竞争为核心的市场机制,建立社会组织的环境公共物品供给机制,构建"市场—政府—社会"三维协同共治的生态环境治理体系和生态环境公共服务供给机制,完善环境财政收支、转移支付制度,提高财政收支效益,探索环境资源配置的新理论,促进生态环境充分、平衡和可持续发展。

从环境财政的主要手段来看,我国环境财政也经历了从以费为主向以税为主的转变。作为早期环保收入的来源,我国环境费的征收制度始于1979年。1982年国务院发布《征收排污费暂行办法》,1983年排污费法律法规制度体系基本建立。1984年工商税制改革,开征资源税、城市维护建设税、土地使用税和车船使用税等与保护生态环境相关的税种。1994年"分税制"改革,在新开征的特别消费税中,许多税目都与保护生态环境直接相关。1997年新排污收费制度制定完成。2000年修订施行的《中华人民共和国大气污染防治法》确定了"按排放污染物的种类和数量征收排污费"的收费制度。2000年车辆购置税取代车辆购置附加费。

2007年"研究开征环境税"被首次提出。① 2011年"十二五"规划纲要中提出要开征环境保护税。2013年党的十八届三中全会决定再次强调推动环境保护费改税。2014年成品油消费税经历了两次提高。2016年资源税扩围,计价方式改革。2016年全国人大常委会通过《中华人民共和国环境保护税法》(以下简称《环境保护税法》),环境保护实现了费改税。2018年我国开始征收环境保护税。

二、新时代对环境财政体制提出新要求

(一) 更为多元的环境公共物品需求

经过40多年的改革开放,我国经济社会发展取得了巨大成就,人民的幸福感和获得感大幅提高,社会的主要矛盾也随之发生深刻变化,转化为人民日益增长的美好生活需要和不平衡不充分的发展之间的矛盾。在生态环境方面,不平衡、不充分发展的矛盾尤为突出。当前,人民群众对切身环境利益的关注程度不断增加,对优良环境质量的需求也在发生着深刻的变化,过去"盼温饱""求生存",现在"盼环保""求生态",环境美成为人民幸福生活的新内涵。

把良好生态环境作为公共物品向全民提供,是建设生态文明和美丽中国的重要抓手,是环境财政理论和实践探索的重要任务,更是最普惠的民生福祉。为了提供更为丰富、更加优质的环境公共物品,必须优化完善环境财政体制,通过合理安排中央与地方间环境事权和支出责任、优化环境税收体系等多种手段,推动环境财政从提供最基本的生态安全保障,逐步拓展为满足人民对优美生态环境的需要,提供更多、更好、更优的环境产品和服务。我国环境治理实践也凸显了这一调整和变化。环境财政通过支持生态功能区建设,支持决胜污染防治攻坚战,支持各地推进大气、水、土壤等污染防治,以及开展人居环境整治等行动,践行了从污染治理到生态文明建设的转变。

(二) 更为优化的环境财政支出结构

随着公众环境质量需求的不断提升,我国财政资金投入规模显著提

---

① 卢洪友,祁毓. 环境质量的市场治理机理及制度创新路径[J]. 社会治理,2015(2):114-119.

高,侧重点也有所调整。数据显示①,2016—2018年,我国财政生态环保相关支出累计24 510亿元,年均增长14.8%,增幅高于同期财政支出增幅6.4个百分点,占财政支出的比例由3.7%提高到4.2%。其中,2018年的支出主要集中在污染防治、森林和草原保护、能源节约利用、自然生态保护等方面,占比分别为26.5%、21.0%、7.0%、6.7%。财政资金的持续投入,为加快推进生态文明建设、满足人民群众环境公共物品需求提供了重要的资金保障。

当前,经济下行压力加大,国家大力实施减税降费政策,使得各级财政收入持续放缓,财政收支矛盾突出。而生态环境治理任务艰巨,可支配的有限财力与生态环保资金需求的矛盾进一步凸显。这要求环境财政工作要从存量中寻找空间,通过优化环境财政支出结构,将资金分配向重点治理区域、行业及体制机制改革创新重点地区、环境治理工作绩效突出重点地区倾斜,确保环境财政支持方向、支持力度与环境治理工作的重点相匹配,推动环境财政支出从"轻预防和基础、重控制和治理"阶段逐步过渡到"重预防和基础、重全过程控制"阶段。同时,从基本公共服务均等化的角度看,应通过优化环境财政转移支付、生态补偿机制,优化地区间环境财政资金的分配使用,确保环境基本公共服务的建设能力、环境基础设施保障和环境基本公共服务在地区间、城乡间和群体间大致均等,确保人人共享生态文明建设成果。

(三)更为高效的环境财政资金使用制度

针对人民群众对美好环境需求的不断增加和财政资金投入增长有限的矛盾,更加高效地使用环境财政资金成为环境财政改革的重要任务,而实现任务的关键在于制度建设。首先,建立科学的资金分配方法,根据环境治理工作的阶段安排和工作重点,推动资金向重点行业、重点区域倾斜,不断提升资金分配精准性和效率。其次,按照建立全面预算绩效的改革要求,组织评估机构对大气、水污染防治等专项资金开展重点绩效评价,优先保障绩效好的政策和项目,强化绩效评价结果导向。最后,通过

---

① 国务院. 国务院关于财政生态环保资金分配和使用情况的报告[R/OL]. (2019-12-26)[2020-12-10]. http://www.npc.gov.cn/npc/c30834/201912/059cdcc614604b31ac3c1b9352b2e3b0.shtml.

完善体制机制,逐步建立重大政策、项目绩效跟踪机制,对生态环境保护治理目标实现程度和预算执行进度实行"双监控",确保如期保质保量实现治理目标。

环境财政转移支付制度作为我国分税制改革的重要补充,对实现中央政府政策意图和协调地方政府行为具有重要作用。① 一方面,按照清理专项转移支付的改革要求,加快完善专项转移支付制度,以遏制地方"跑部钱进"和资金分配上"撒胡椒面"等突出问题。另一方面,进一步加大中央对重点生态功能区转移支付的支持力度,完善资金管理办法,健全考核机制,对重点县域开展生态环境监测评价和考核,依据考核结果调节资金分配。积极探索横向生态补偿机制,充分调动流域上下游地区政府保护和治理环境的积极性,促进流域水质逐步改善。

三、新时代环境财政理论的思维转向

(一) 从"以物为本"转向"以人为本"

我国传统经济发展采用的是"以物为本"的发展模式,把人类独立于自然环境之外,将自然环境视为改造的对象和生产要素,通过高投入和扩大规模的路径来实现经济的增长。② 这种发展模式虽然带来了物质财富的增加,但却以高成本和低效益、较大的经济波动性、生态环境严重破坏为代价,其引发的资源环境和社会问题已成为我国经济建设的首要制约因素,迫切需要向"以人为本"的发展模式转变。从本质上看,"以人为本"的发展模式,强调人与自然是相互依存、相互联系的整体,树立"保护自然就是保护人类自己"的理念,扭转对自然界只索取不回馈、只开发不保护、只污染不治理的局面,将生态保护融入经济、社会发展的各方面,更加注重技术进步和知识创新,强调经济运行的协调性和人的全面发展,通过调整经济结构、创新体制机制,实现发展模式的根本转型。

伴随着经济发展模式由"以物为本"向"以人为本"的深刻转变,环境

---

① 曹鸿杰,卢洪友.中国纵向转移支付的生态环境效应[J].中南财经政法大学学报,2020(4):57-65+84.
② 任保平.从"以物为本"向"以人为本"经济发展的转型及其创新支持[J].改革与战略,2009,25(08):1-5.

财政的理念和思维也相应发生变化。要坚持以人民为中心的发展思想，强化资金保障，坚决打好生态环境保护攻坚战，增加优质生态产品供给，使青山常在、绿水长流、空气常新。要把人民群众的感受作为检验工作成效和环境质量的重要依据，环境质量怎么样，老百姓的感受最直接、最强烈；污染治理成效怎么样，要由老百姓说了算，老百姓说好才是真的好。要加大环境教育引导，引导人们自觉履行生态环境保护法定义务，争做生态文明建设的促进者、支持者、参与者。

（二）从确定性思维转向不确定性思维

在人类发展史上特别是在工业化进程中，曾发生过大量破坏自然资源和生态环境的事件，惨痛的教训告诉我们生态环境没有替代品，用之不觉，失之难存。生态系统的运行存在着一定的客观规律，大范围污染的存在，破坏了生态系统自我修复的机制。同时，环境污染的后果具有滞后性，往往在污染发生的当时不易被察觉，被察觉时环境污染已经发展到相当严重的地步了，不仅需要高昂的治理成本，而且一些污染一旦产生，后果将难以逆转。这就要求环境治理要从事后的污染治理向事前的污染防范转变。

但环境治理不同于精确的工程建设，并非设计一张蓝图，然后按部就班地进行施工就万事大吉。社会是一个复杂系统，制度、组织、成员等社会"硬件"和观念、意识、价值等社会"软件"都处于互动状态，现有的确定性知识系统还无法对社会的演进过程进行精确计算。[①] 因此，运用环境财政手段来进行环境治理，不仅需要确定性的工程思维，更需要不确定性的社会思维。一方面，要加大对环境领域自然科学研究的支持，探究生态环境系统运行的客观规律，把握环境污染的扩散机制和传播路径，更好地发挥生态自我修复的功能，更精准地找到环境污染防治的着力点，以确定性来确保环境治理不断取得新成效。另一方面，要合理处理经济下行期过关越坎难度更大与环境污染治理不放松的关系，运用改革的思维和方法，积极应对环境治理过程中的不确定性。

（三）从社会福利最大化转向公共风险最小化

当今世界正经历百年未有之大变局，我国经济社会发展虽然基本面

---

① 刘尚希.公共风险论[M].北京：人民出版社，2018：36-54.

持续向好,但依然面临着严峻的外部环境和困难挑战,各种不确定性所带来的风险社会特征日益显著。国家治理的本质是公共风险的治理,通过注入确定性来化解国家发展中的不确定性和公共风险,从而实现国家富强、人民幸福。作为国家治理的基础和重要支柱,财政发挥着公共风险"蓄水池"、国家治理变革的"发动机"、协调各方关系的"总中枢"等作用,政策制定者必须善于用风险治理思维考虑财政问题,发挥财政在国家治理中的定海神针作用。①

对于优美的生态环境来说,没有最好只有更好,建设更好的生态环境是永恒的主题。而对于环境污染来说,只要产生,便会带来破坏,就会影响人民福祉。因此,环境财政的政策制定者不仅要强调生态环境领域的社会福利最大化,而且更要注重环境风险的最小化,要通过落实"关口前移",逐步走向预防环境风险的前端,在定政策、用资金时,以公共风险最小化为导向,居安思危,守住底线,切实增强工作的前瞻性、系统性,防止顾此失彼,"按下葫芦浮起瓢";同时要增强忧患意识,凡事从坏处准备,努力争取最好的结果,特别是在分析形势、安排预算时,要始终保持头脑清醒,把问题分析得更透一些,把风险估计得更充分一些,做好应对各种复杂困难局面的准备;要增强托底意识,必须把应对措施和方案考虑周全,做好应急预案和政策储备,形成应对风险的快速决策和反应机制。

四、新时代环境财政理论的创新

(一)从计划经济向市场经济转型的宏大背景

党的十一届三中全会以来,我国开始了从社会主义计划经济体制向社会主义市场经济体制的转型。经过40多年的不懈努力,我们取得了举世瞩目的伟大成就。作为宏观调控手段之一的财政,为了适应不同时期的经济体制和宏观形势需要而不断进行着调整,为促进经济社会持续健康发展做出了积极贡献。在计划经济体制时期,国家对经济的调控主要依靠计划手段,财政通过政府投资的规模和方向等指令性措施调控经济

---

① 刘尚希,李成威,杨德威.财政与国家治理:基于不确定性与风险社会的逻辑[J].财政研究,2018(01):10-19+52.

运行,并从微观上直接参与企业的生产经营、利润分配等活动,确保国民经济的综合平衡。改革开放以来,随着计划经济向市场经济的转变,财政宏观调控逐步实现了由直接调控向间接调控、由被动调控向主动调控的转变,加之调控工具和政策组合不断丰富,其调控能力不断提高。

在经济社会转型的宏观背景下,随着财政宏观调控理念、手段和方式的不断调整,环境财政理论也将迎来新的创新发展。首先,从调控目标看,随着经济结构和体制的深刻转型,"五位一体"的发展理念贯穿经济社会发展的全过程,环境财政不再单纯地以污染防治为主要目标,而是扩展至以推动生态文明建设、实现人与自然的和谐共存为目标,既要针对已有污染问题做好治理工作,更要关注潜在的环境风险。其次,从调控工具看,环境财政更加适应市场经济发展的需要,具备更为完善的环境政策手段,包括环境税费、环境债券、环境投资、环境补贴、生态补偿等。政策制定者不仅要考虑如何引入新的财政工具,也要考虑如何实现搭配和协调,更要考虑每一种财政工具的合法性,从其法律特性方面厘定彼此界限。[①]最后,从调控方式看,随着数字技术的快速发展与普及应用,在"5G+大数据"的赋能下,我国搭建动态决策、即时响应和智慧联动的智慧环境治理体系,进而保持经济发展与生态保护、私人经济利益和环境公共利益之间的张力平衡,也为环境财政理论的创新提供了无限空间。[②]

(二)政府与市场:环境财政作用机制的二维模式

步入新时代,人们对于有为政府和有效市场的作用认识得更加深入。这深刻地影响了政府治理模式的选择,也给传统公共财政理论的创新提供了契机。传统公共财政理论认为市场失灵是公共财政的起点,近年来我国财政理论界结合实践对这一认识提出了新的观点。例如,中国财政科学研究院院长刘尚希提出的公共风险理论认为,国家治理的本质是公共风险治理,财政则承担着公共风险的兜底责任,需要以公共风险最小化作为公共财政的目标,建立底线思维。[③] 此外,中央财经大学的李俊生教授

---

① 熊伟.环境财政、法制创新与生态文明建设[J].法学论坛,2014,29(04):62-69.
② 陈少威,贾开.数字化转型背景下中国环境治理研究:理论基础的反思与创新[J].电子政务,2020(10):20-28.
③ 刘尚希.公共风险与财政抉择[J].财贸经济,1999(10):18-21.

从多学科角度重新考虑市场的角色定位,提出"市场平台观",即以政府为代表的公共部门与以企业为代表的私人部门作为交易平台中的平等成员,通过市场博弈行为调整约定控制权及剩余控制权,实现公私部门"双赢"。① 这些观点对环境财政如何更好地发挥政府和市场的作用提供了重要的启示。

从实践层面看,党的十九大报告提出构建政府为主导、企业为主体、社会组织和公众共同参与的环境治理体系,习近平总书记在全国生态环境保护大会上提出协同推动经济高质量发展和生态环境高水平保护、协同发挥政府主导和企业主体作用、协同打好污染防治攻坚战和生态文明建设持久战,都指明了生态环境治理责任及支出负担多主体性和治理手段多元性的特点。环境财政应当顺应时代要求,更好地发挥协调和导向作用,通过引导市场中微观主体的行为,完善以价格和竞争为核心的市场机制,构建"市场—政府—社会"三维协同共治的环境治理体系和环境公共服务供给机制;同时,要适应进入新时期后中国社会主要矛盾变化的要求,从环境公共物品供给不平衡和不充分问题着手,完善财政收入、财政支出、财政转移支付制度和准公共财政政策,探索能够指导优化财政政策,实现生态环境资源的跨时期、跨区域配置的新理论,促进区域生态环境充分、平衡和可持续发展。②

(三) 五大发展理念对环境财政理论的革新

针对当前中国发展面临的新局面,党的十八届五中全会提出了"创新、协调、绿色、开放、共享"的五大发展理念,这一新发展理念对解决当前面临的众多问题,特别是环境问题,都具有重大的指导意义。其一,在创新发展方面,要通过改革推进现代财税体制的建立,释放创新发展的动力。例如,创新环境财政的投入方式,探索通过政府购买服务、政府同社会资本合作等模式,鼓励、引导社会资本参与环境治理,提升公共服务供给的质量,丰富公共服务供给的层次。其二,在协调发展方面,针对当前收入增长乏力、收支矛盾突出、财源后劲不足等问题,坚持有所为有所不

---

① 李俊生,姚东旻.重构政府与市场的关系——新市场财政学的"国家观""政府观"及其理论渊源[J].财政研究,2018(01):20-32.
② 卢洪友,潘星宇.建国以来生态环境财政理论及制度变迁[J].地方财政研究,2019(10):24-32.

为,研究改进财政调控手段的具体思路和方法,合理把握政策实施的力度和节奏,更加注重保障和改善环境质量,更加注重城乡和区域环境公共服务的均等化水平。其三,在绿色发展方面,要完善环境保护政策和生态补偿机制,进一步转变财政支持经济发展的方式,加大对环境治理和生态保护等领域的财政支持力度,实现经济发展与环境保护双赢、经济发展与改善民生共进。其四,在坚持开放发展方面,把环境问题与经济、社会发展有机统一,探讨财政政策和金融政策相协调、中央和地方相协同的新路子,发挥政策合力。其五,在共享发展方面,要加快推进地区间、城乡间的均衡发展,确保全体公民无论何种性别、年龄、民族、职业、居住地、收入水平,都能享受到政府提供的数量相当、质量相近、方便可及性程度大致相同的环境基本公共服务。

第二章 我国环境财政政策发展历史检视

与西方发达国家相比,较为突出的环境问题在我国出现的时间较晚,与生态保护和环境治理相关的环境财政政策的制定和实施也一直到20世纪七八十年代才正式启动。国务院分别在1973年、1983年和1989年召开第一次、第二次和第三次全国环境保护会议,通过关于环境保护的一系列政策文件,将环境保护明确界定为一项基本国策。

世纪之交前后,我国实现了经济的高速发展,环境保护与经济社会发展之间愈加不平衡,"先发展,后治理"的代价巨大,必须从战略层面更新环境保护理念和方法才能更好地促进社会主义市场经济体制的建立和完善。国务院分别于1996年、2002年、2006年和2011年召开了第四次、第五次、第六次和第七次全国环境保护大会,确立了可持续发展战略。

2018年第八次全国生态环境保护大会总结了党的十八大以来我国环境保护工作取得的成就,提出了绿色发展理念,阐述了加强生态文明建设的重大意义,提出了加强生态文明建设必须坚持的重要原则,对打好污染防治攻坚战做出了重大部署和战略安排。

第一节 环境保护基本国策与环境财政政策支持

一、环境保护基本国策确立:背景、政策与制度建设

同世界上其他国家的环境保护进程类似,我国对环境问题的认识和

相应环境保护工作的启动,也经历了一个逐步发展、循序渐进的过程。以历次全国环境保护会议的召开为节点分析,可以更为清晰地呈现这个发展过程的脉络。从1973年召开第一次全国环境保护会议,正式开始重视环境问题,到1983年召开第二次全国环境保护会议,将环境保护确立为基本国策,再到1989年召开第三次全国环境保护会议,强调环境保护的制度建设,以及其间于1979年制定了《中华人民共和国环境保护法(试行)》[以下简称《环境保护法(试行)》],1989年通过了《中华人民共和国环境保护法》(以下简称《环境保护法》),历经16年,我国在环境保护方面的政策定位、基本目标和具体制度基本形成。

(一)第一次全国环境保护会议及其后续政策和制度

1972年,为了解决官厅水库水污染问题,国务院批准国家计划委员会、国家基本建设委员会关于官厅水库污染情况和解决意见的报告,建立了官厅水库水源保护领导小组,开始了我国第一个水域污染的治理工作。同年,大连海湾、渤海湾、上海港口、南京港口也发生了环境污染事件。1972年6月,联合国人类环境会议在斯德哥尔摩召开,参会的中国政府代表团把会议讯息传回国内,使高层决策者认识到中国的环境问题需要认真对待。

1973年8月5日至8月20日,第一次全国环境保护会议在北京召开。经过广泛讨论,与会各方达成了重视环境问题、保护和改善环境的共识。会议讨论并通过了《关于保护和改善环境的若干规定(试行草案)》,该试行草案的主要内容是确立了"全面规划,合理布局,综合利用,化害为利,依靠群众,大家动手,保护环境,造福人民"的32字环境保护工作方针。该工作方针的主旨是把发展生产与环境的保护和改善相统一。具体而言,一方面要求在开展资源开发、厂址选择、城市规划、化学农药使用等方面的工作时应与自然资源保护、水源保持、工业"三废"处理、植树造林与绿化建设等环境保护工作相统一;另一方面,明确了"环境保护所必需的投资、设备、材料要安排落实",以及"国家每年拿出一笔投资,用于其他方面的环境保护"。在当时,人民的生活水平尚未达到温饱线,环境问题虽然存在但远未达到像西方发达国家那样的严重程度。在此背景下,我国政府重视环境问题,并制定和实施保护、改善环境的政策,具有一定的前瞻性和预见性。第一次全国环境保护会议的历史意义还在于,"不仅促进了民众环境保护意识的觉醒,起到了思想启蒙的作用,还推动了我国环境保护工作的起步,奠定了环境保护事业的基础"①。

此后,为贯彻落实会议精神和正式启动环境保护工作,在广泛宣传动员的基础上,1974年5月,国务院成立我国第一个环境保护机构——国务院环境保护领导小组,负责组织和推动全国环境保护工作。同年12月,国务院环境保护领导小组发布了《环境保护规划要点和主要措施》《国务院环境保护机构及有关部门的环境保护职责范围和工作要点》。为了更好地开展环境保护工作,1978年通过的《中华人民共和国宪法》第十一条明文规定:"国家保护环境和自然资源,防治污染和其他公害。"根据该规定,1979年第五届全国人民代表大会第十一次会议通过了《环境保护法(试行)》,首次以法律形式明确了环境保护的目标任务,以及自然资源开发利用和污染防治等具体环境保护的规则。在我国社会主义法律体系尚不完备的情况下,其法治意义尤为明显。该部法律的任务是"保证在社会主义现代化建设中,合理地利用自然环境,防治环境污染和生态破坏,为人民创造清洁适宜的生活和劳动环境,保护人民健康,促进经济发展"。时至今日,《环境保护法(试行)》虽经数次修订,但其首次确立的环境规划制度(第五条)、环境影响评价制度(第六条)、"三同时"制度(第六条)、限期治理制度(第十八条)、征收排污费制度(第十八条)和环境污染问责追责制度(第三十二条)等制度条款仍然是现行环境保护法律制度的基础。其中,征收排污费制度虽然自2018年1月1日起实施《环境保护税法》后被征收环境保护税制度所取代,但其作为环境保护工作中筹集专项财政资金的可行制度,在我国环境保护历史进程中发挥了不可替代的重要作用。鉴于"对环境问题缺乏认识以及经济工作中的失误,造成了生产建设和环境保护之间的比例失调"和"我国环境的污染和自然资源、生态平衡的破坏已相当严重"的现实情况,为保证《环境保护法(试行)》的贯彻实施,1981年国务院发布《国务院关于在国民经济调整时期加强环境保护工作的决定》,强调"保护环境是全国人民的根本利益所在",进一步要求"在

---

① 任俊宏.我国第一次环境保护会议的历史地位[J].湖南行政学院学报,2015(01):128.

国民经济调整时期,要根据中央关于在经济上实行进一步的调整、在政治上实现进一步的安定的重大方针,结合经济调整的各项政策措施,认真贯彻执行《环境保护法(试行)》"。1982年2月,国务院发布《征收排污费暂行办法》,标志着征收排污费的具体制度正式确立;同年5月,第五届全国人民代表大会常务委员会第二十三次会议决定,将国家建设委员会、国家城建总局、国家建筑工程总局、国家测绘局、国务院环境保护领导小组办公室合并,组建城乡建设环境保护部,内设环境保护局,为环境保护工作提供了坚实的组织保障。

在环境保护工作中,从政策制定到具体实施,财政资金的筹集与投入必不可少。配套的财政政策和制度措施是环境保护工作顺利进行的有力保障。第一次全国环境保护会议通过的《关于保护和改善环境的若干规定(试行草案)》主要从两个方面制定了环境保护相关的财政政策,一是"环境保护所必需的投资、设备、材料要安排落实",二是"国家每年拿出一笔投资,用于其他方面的环境保护"。1974年国务院环境保护领导小组成立后制定的《环境保护规划要点和主要措施》专门明确:"国家每年在工业基本建设投资中拿出百分之五到七,作为治理费用,并在材料、设备上给予保证。"1979年颁布实施的《环境保护法(试行)》第十八条规定:"超过国家规定的标准排放污染物,要按照排放污染物的数量和浓度,根据规定收取排污费。"这是新中国成立以来首次以法律形式规定了征收排污费制度。《环境保护法(试行)》第三十一条规定:"国家对企业利用废气、废水、废渣作主要原料生产的产品,给予减税、免税和价格政策上的照顾,盈利所得不上交,由企业用于治理污染和改善环境。"这是针对工业"三废"处理方面的税收优惠和环境保护专项资金安排。《国务院关于在国民经济调整时期加强环境保护工作的决定》除了对《环境保护法(试行)》所确立的征收排污费制度、税收优惠和环境保护专项资金安排做进一步强调,还对新安排的大、中型建设项目实行环境影响审查"一票否决"制度,"新安排的大、中型建设项目,必须在建设前期提出环境影响报告书,经环境保护部门审查同意后,才能定址建设,否则不得列入计划,不予拨款或贷款"。《征收排污费暂行办法》规定了排污费征收的对象、计算标准和程序规则,有力推动了《环境保护法(试行)》规定的征收排污费制度的落地实施。更为重要的是,《征收排污费暂行办法》明确了排污费的性质和使用要求,"征收的排污费,纳入预算内,作为环境保护补助资金,按专项资金管理",以及"环境保护补助资金,由环境保护部门会同财政部统筹安排使用",还强调"要坚持专款专用,先收后用,量入为出,不能超支、挪用"。此后,虽然法律条文几经修订,但直到2018年环境保护税开征之前,实行征收排污费制度所收取的排污费一直作为环境保护补助资金为我国环境保护工作的开展提供有力的财力支撑。

(二)第二次全国环境保护会议及其后续政策和制度

在认识到"环境保护关系到我们国家和社会的发展,关系到'四化'建设的成败,关系到当代人的利益和子孙万代的利益,绝不是一时的需要,绝不是短期的任务,而是具有长远意义的问题和长期的任务"[①]以后,我国把环境保护上升为国家战略,似乎也是水到渠成之事。1983年12月31日至1984年1月7日,第二次全国环境保护会议在北京召开,会议总结了我国环保工作中的经验教训,从战略上对环境保护工作在社会主义现代化建设中的重要位置做出了重大决策。该次会议的历史贡献有两点:一是提出"保护环境是我国的一项基本国策",以及"经济建设和环境保护必须同步发展";二是针对我国已经存在的环境污染和生态破坏问题,提出了开展环境保护工作的指导思想,即"经济建设、城乡建设和环境建设同步规划、同步实施、同步发展,实现经济效益、社会效益、环境效益相统一"。[②]

为了贯彻落实党的十二大会议精神,为了实施环境保护这项社会主义现代化建设中的基本国策,也为了给环境保护和经济建设协调发展保驾护航,1984年5月国务院发布《国务院关于环境保护工作的决定》。该项决定的主要内容:一是成立国务院环境保护委员会,具体负责研究、审定有关环境保护的方针、政策,提出规划要求,领导、组织并协调全国的环境保护工作;二是要求国务院有关部门和地方各级政府任命专人负责环境保护工作并设立相应的环境保护机构;三是明确安排和落实环境保护各项工作的财政资金保障。1985年10月,全国城市环境保护工作会议在

---

① 马骧聪.保护环境是我们的基本国策[J].环境管理,1984(2):2.
② 《环境科学》杂志社编辑部.环境保护是我国的一项基本国策:第二次全国环境保护会议在北京召开[J].环境科学,1984(01):1.

洛阳召开,会议审议并原则通过了《国务院关于加强城市环境综合整治的决定》,要求以消除水污染、烟尘、固体废渣和噪声等"四害"作为城市环境保护工作的重点,开展综合整治工作。1988年7月,国务院发布《污染源治理专项基金有偿使用暂行办法》,目的在于将原来分散使用的环境保护补助资金中的一部分进行集中使用,以提高其使用效益。1988年国务院在机构改革中设立国家环境保护局(升格为副部级),并将其确定为国务院直属机构,国家环境保护机构建设得到加强。

把财政政策嵌入环境保护基本国策,为环境保护和环境改善提供财力支持,是实现环境保护目标的重要保障。《国务院关于环境保护工作的决定》(以下简称《决定》)针对工程项目的环境保护设施资金、老企业治理污染资金、集体企业治理污染资金、缴纳排污费的企业污染治理资金、环境保护基本建设资金等资金来源,分别以纳入固定资产投资计划、更新改造资金、合作事业基金、企业留存利润和排污费等形式和途径进行了明确。《决定》对新建、扩建、改建项目(包括小型建设项目)和技术改造项目,以及一切可能对环境造成污染和破坏的工程建设和自然开发项目规定:"必须严格执行防治污染和生态破坏的措施与主体工程同时设计、施工、投产。""环境保护设施的建设投资、材料、设备,都必须与主体工程一样,纳入固定资产投资计划,由各级计委、经委和主管部门负责落实,环境保护部门负责监督。正在建设的或者已经投产的项目,没有采取防治污染措施的,一律要补上,所需资金、材料由原批准项目的部门和单位负责安排解决。"对于老企业的污染治理,《决定》规定:"其所需资金应在企业留用或上级集中的更新改造资金中解决。各级经委、工交部门和地方有关部门及企业所掌握的更新改造资金中,每年应拿出百分之七用于污染治理;污染严重、治理任务重的,用于污染治理的资金比例可适当提高,企业留用的更新改造资金,应优先用于治理污染。企业生产发展基金也可以用于治理污染。""集体企业治理污染的资金,应在企业'公积金''合作事业基金'或更新改造资金中安排解决。缴纳排污费的企业在采取治理污染措施时,可以按国家规定向环境保护部门和财政部门申请环境保护补助资金,这种补助一般不超过其所缴纳排污费的百分之八十。"针对环境保护部门为建设监测系统、科研院所和学校以及环境保护示范工程所需要的基本建设投资,《决定》规定:"按计划管理体制,分别纳入中央和地方的投资计划。"根据《污染源治理专项基金有偿使用暂行办法》的规定,污染源治理专项基金从环境保护补助资金中提取,比例为20%～30%,由省级人民政府确定具体的提取比例。基金实行有偿使用,委托银行贷款,贷款对象是缴纳超标准排污费的企业。基金的使用范围是:重点污染源治理项目,"三废"综合利用项目,污染源治理示范工程,并、转、迁企业的污染源治理设施。

(三) 第三次全国环境保护会议及其后续政策和制度

1987年10月,中国共产党第十三次全国代表大会召开。党的十三大报告体现了党对环境保护工作的高度重视,指出:"在推进经济建设的同时,要大力保护和合理利用各种自然资源,努力开展对环境污染的综合治理,加强生态环境的保护,把经济效益、社会效益和环境效益很好地结合起来。"1988年3月,第七届全国人大第一次会议重申了环境保护是我国的一项基本国策,并将其列为当届政府的十大任务之一。党和国家关于环境保护的认识和决策,需要具体化为可实施执行的政策措施。改革开放前十年,"我们在经济建设中往往依靠高投入、高消耗,追求所谓的高增长、高速度,导致了资源、能源的极大浪费和环境的严重污染,损害了经济发展的物质基础"①。虽然我国再次以专章形式把环境保护列入1986年制定的"七五"计划(第五十二章)②,并且列明了环境保护的基本任务和具体指标,但到1989年,环境保护相关任务目标的完成仍具有相当大的难度(实际上,直到"七五"计划结束,该任务目标也没有全部实现)。在此背景下,1989年4月28日至5月1日,第三次全国环境保护会议在北京召开。基于对当时环境保护任务的艰巨性和环境保护财政支持匹配性不够的现实考量,会议形成了环保三大政策,即环境管理要坚持预防为主、谁污染谁治理、强化环境管理。预防为主,着眼于增量环境问题,明确要求在国家的环境管理中,通过计划、规划及各种管理手段,采取防范性措施,防止环境问题的发生。谁污染谁治理,针对存量环境问题,要求对环境造

---

① 曲格平.努力开拓有中国特色的环境保护道路:在第三次全国环境保护会议上的工作报告[J].环境保护,1989(07):10.

② 环境保护作为专章列入我国国民经济和社会发展计划(规划)始于"六五"计划。

成污染危害的单位或者个人对其污染源和被污染的环境承担治理责任和治理费用。强化环境管理,旨在通过立法确立生产、生活的规范化环境行为标准,强调合法有序利用环境和资源,并建立相应的环境管理机构,加强监督管理。在环境保护制度建设方面,会议认真总结了实施环境影响评价、"三同时"、征收排污费三项环境管理制度的成功经验,并根据新时期环境保护的实际情况和要求,提出了城市环境综合整治定量考核制度、环境保护目标责任制度、排污申报登记和排污许可证制度、限期治理制度和污染集中控制这五项新的制度和措施,共同组成了我国环境管理的八项制度。

经过十年的试行,《环境保护法(试行)》为我国环境保护工作的顺利开展提供了法律依据和制度支持,但随着经济社会的变迁,社会主义初级阶段理论和基本路线的提出,以及人民群众对良好环境的现实需要,《环境保护法(试行)》这一环境保护的基本法亟待完善。1989年12月26日第七届全国人民代表大会常务委员会第十一次会议通过《环境保护法》,将第三次全国环境保护会议的"三大环境政策"转化为基本原则,将"八项制度"从政策制度上升为法律制度,使其成为环境保护最基本的法律依据。1990年12月发布的《国务院关于进一步加强环境保护工作的决定》重点强调要依法开展环境保护工作,积极开展城市环境综合整治工作,在资源开发利用中重视生态环境的保护和实行环境保护目标责任制。针对环境保护目标责任制,地方各级政府应根据国家制定的环境保护目标和当地的实际情况,制定本地区的环境保护目标和实施措施,并在年度计划中予以落实。其中,环境保护目标的完成情况应作为评定地方各级政府工作成绩的依据之一,向同级人民代表大会和上一级政府报告。

在第三次全国环境保护会议上,党和国家认识到环境保护任务的艰巨性和持续性。一方面,在有充足财力支持的前提下,对于环境问题的解决,技术上是可行的,环境保护的目标是可以实现的[①];另一方面,在社会

---

① 曲格平.努力开拓有中国特色的环境保护道路:在第三次全国环境保护会议上的工作报告[J].环境保护,1989(07):8.

主义初级阶段,政府环境治理财政投入方面存在不足[①],尚拿不出大量的资金投入环境保护和污染治理,只能寄希望于落实"三大政策"和"八项制度",以有限的政府财力解决业已发生的环境污染和生态破坏问题。1982—1988年,我国经历了连续7年国内生产总值增长率超过10%的高速增长时期,其背后是资源的极大耗费和工业"三废"的迅速累加;而经济高速增长所产生的财政收入并未被同比例投入环境保护领域。这就导致在环境保护投入不断增加的情况下,环境问题并未扭转或从根本上改善。强化环境保护管理,提升环境保护资金投入绩效,是第三次全国环境保护会议及之后环境保护工作面临的新课题。为了从解决存量问题过渡到解决增量问题,环境保护政策的顶层设计需要跃迁,配套的环境政策措施尤其是环境财政政策措施需要对应调整。以制定《中国21世纪议程》为标志,我国环境保护战略发生了深刻变化,把"环境保护是我国的一项基本国策"提升到"可持续发展战略",其实质是将环境保护的重心从解决存量问题转变为解决增量问题。

二、环境保护基本国策下的环境财政政策目标

1. 发展生产与环境保护和改善相统一

回顾西方国家的发展历史,经济社会的发展和环境保护似乎不可兼得,经济增长必然要以污染环境为代价,而且要等到环境污染恶化到了不得不治理的时候,政府才会出面解决环境问题。西方发达国家大都沿着这条"先污染后治理"的道路发展的。我国政府在20世纪70年代就已经注意到环境污染、资源浪费的问题,前瞻性地意识到环境保护对经济社会发展的重要性,主张发展生产与环境保护和改善相统一,这为环境财政政策的制定和执行提出了具有挑战性的要求和目标。

2. 贯彻落实环境保护国策

党和政府认识到我国存在严重环境问题,亟待解决,而且"环境保护关系到我们国家和社会的发展,关系到'四化'建设的成败,关系到当代人

---

① 曲格平.努力开拓有中国特色的环境保护道路:在第三次全国环境保护会议上的工作报告[J].环境保护,1989(07):13.

的利益和子孙万代的利益,绝不是一时的需要,绝不是短期的任务,而是具有长远意义的问题和长期的任务"①。因此,把环境保护上升为国家战略,也是历史的必然选择。在第二次全国环境保护会议上,环境保护被确立为我国的一项基本国策。奋斗目标就是到20世纪末,力争基本解决全国环境问题,基本恢复自然生态的良性循环,城乡生产生活环境清洁、优美、安静,全国环境状况基本上同国民经济的发展和人民物质文化生活水平的提高相适应。此次会议把环境保护定位为基本国策,为我国污染治理和环境保护工作指明了方向、提出了要求。环境财政政策的目标之一就是更好地贯彻环境保护这一基本国策,发挥财政政策在环境治理中的作用。

3. 提高环境财政政策与环境保护目标的匹配度

科学合理的环境财政政策是实现环境保护目标的政策支持和资金保障,这就要求环境财政政策必须与环境保护目标要求相匹配,否则政府就不能很好地履行环境保护的职能。1986年制定的"七五"计划中的污染治理和环境保护目标直到"七五"计划时期结束也没有全部实现。这和当时的环境财政政策与环境保护目标要求的不匹配息息相关。之后制定的环境财政政策的匹配度也都直接影响了同时期环境目标的实现程度。因此,不断提高我国环境财政政策与环境保护目标要求的匹配度是我国环境财政政策的又一目标。

三、环境保护基本国策下的环境财政政策工具及政策措施

1973—1992年,从正式启动环境保护工作到将环境保护定为基本国策,国务院召开了三次全国环境保护会议,发布了《国务院关于在国民经济调整时期加强环境保护工作的决定》《国务院关于环境保护工作的决定》《国务院关于进一步加强环境保护工作的决定》等重要环境保护文件,并将环境保护作为专章列入"六五"计划和"七五"计划。在立法方面,全国人大常委会与国务院分别颁布了《环境保护法(试行)》《环境保护法》和《征收排污费暂行办法》《污染源治理专项基金有偿使用暂行办法》等重要

---

① 马骧聪.保护环境是我们的基本国策[J].环境管理,1984(2):2.

环境保护法律法规。这些政策与法律法规包含的以环境财政收入和环境财政支出为内容的财政政策工具,有力地支持了环境保护工作的正常开展。梳理这20年的环境保护财政政策,不难发现其中运用的财政政策工具主要涉及政府基本建设投资、征收排污费和税收优惠。

(一)政府基本建设投资

环境治理基础设施的建设能够直接提高污染治理和环境保护的能力,政府在此方面的投资是环境财政支出的重要内容。

在列入中央和地方投资计划的基本建设投资中安排部分资金用于环境保护,是20世纪七八十年代我国环境保护工作初始阶段的主要做法,目的是保持发展生产与保护和改善环境这两方面工作相统一。1984年发布的《国务院关于环境保护工作的决定》专门明确了环境保护基本建设投资的内容和要求,规定:"环境保护部门为建设监测系统、科研院所和学校以及环境保护示范工程所需要的基本建设投资,按计划管理体制,分别纳入中央和地方的投资计划。这方面的投资数额应逐年有所增加。"20世纪80年代初期,我国每年环保治理投资总额为25亿~30亿元,约占同期国内生产总值的0.51%;到80年代末期,年投资总额超过100亿元,占同期国内生产总值的0.60%左右。①

环境保护基础设施建设是启动环境保护工作的基础环节,也是环境保护账单中排在首位的历史欠账。20世纪七八十年代,我国环境保护工作初始阶段的主要任务是筹集资金用于环境保护基础设施建设。《关于保护和改善环境的若干规定(试行草案)》规定的"三同时"制度②,虽然是制度雏形,但对于环境保护工作的正式启动具有重要的指导意义。环境保护基础设施薄弱的实际情况与"三同时"的要求,决定了我国环境保护财政投入的重点,必须在政府基本建设投资中拿出一定比例的资金,用于环境保护基础设施建设。

20世纪四五十年代,发达国家城市环境问题突出,环境污染和公害事件频发。1943年洛杉矶光化学烟雾事件和1952年伦敦烟雾事件等环境

---

① 曲格平.中国环境保护四十年回顾及思考(回顾篇)[J].环境保护,2013(10):17.
② 《关于保护和改善环境的若干规定(试行草案)》第四条第四款:"一切新建、扩建和改建的企业,防治污染项目,必须和主体工程同时设计,同时施工,同时投产。"

污染事件给我们敲响了警钟。解决城市环境问题是启动环境保护工作的一个重要抓手。1985年召开的全国城市环境保护工作会议要求在城市开展环境保护综合整治工作,城市环境保护基础设施建设是首要任务,需要从政府基本建设投资中予以资金安排;同时,要通过"推广型煤、集中供热、发展煤气、整治河湖、分流截污、建设烟尘控制区和绿化美化等综合整治措施"①,使城市降尘问题有所缓解,部分城市水域环境有所改善。

虽然以官厅水库污染为代表的一系列环境污染事件触发了我国环境保护意识的觉醒,开启了我国的环境污染治理工作,但在财政支出(投资)比例方面,与用于环境保护基础设施建设和解决城市环境保护问题的资金相比,用于环境污染治理的资金占比较小。这一方面是由于环境保护基础设施建设和城市环境保护是综合性工程,需要巨大投入才能见成效;另一方面是由于20世纪七八十年代我国环境问题虽然已经存在,但大多属于"点污染",污染源也相对单一,只要意识到需要采取措施进行治理,较少的财政投入即可解决。

(二) 征收排污费

污染者付费原则由经济合作与发展组织于1972年提出,是指一切向环境排放污染物的个人与组织,应当依照一定的标准缴纳一定的费用,以补偿其污染行为造成的损失。污染者付费原则的合理性,一方面体现在对环境资源的成本化考虑,空气、水等环境资源也是有价的,需要企业更合理、有效地利用环境资源;另一方面体现在可以帮助改善生态环境,环境问题的主要症结是废气、废水、废渣等不断地累加排放,甚至是过度排放,通过征收排污费,督促企业尽可能减少"三废"排放,减轻环境压力,维持或恢复环境系统的自平衡。

1978年年底,国务院环境保护领导小组在《环境保护工作汇报要点》中提出征收排污费的制度设想。1979年征收排污费成为法律制度,被纳入《环境保护法(试行)》。1982年7月国务院发布《征收排污费暂行办法》,排污费的征收有了可操作的制度规则,标志着我国排污收费制度正

---

① 曲格平.努力开拓有中国特色的环境保护道路:在第三次全国环境保护会议上的工作报告[J].环境保护,1989(07):8.

式建立。该办法规定了排污费征收的对象、计算标准和程序规则,明确了排污费的性质和使用要求,"征收的排污费,纳入预算内,作为环境保护补助资金,按专项资金管理",以及"环境保护补助资金,由环境保护部门会同财政部统筹安排使用",尤其强调"要坚持专款专用,先收后用,量入为出,不能超支、挪用",有力推动了征收排污费制度的实施。此后,虽然法律条文几经修订,从针对超标准排污征收排污费逐渐调整为对取得排污许可证的排污者征收排污费,但征收排污费的基本制度规则并没有改变。直到2018年《环境保护税法》正式实施,排污费才退出历史舞台。

基于1973年《工业"三废"排放试行标准》和1982年《征收排污费暂行办法》的相关规定而实行的对超标排污征收排污费的做法,大大缩小了征收排污费的对象范围,导致实际征收的排污费总额并不大。至1987年,虽然全国年排污收费总额比试行初期增长了10倍,达到14.3亿元,但与环境保护投资总额相比还相差甚远,无法满足环境保护的资金需要。1994年全国排污收费15周年总结表彰大会提出实现"由超标收费向排污收费转变"的改革目标。通过一系列法治建设,特别是2000年修订《中华人民共和国大气污染防治法》和2003年颁布《排污费征收使用管理条例》,这一改革目标最终得到实现。

(三)税收优惠

在该时期,由于我国刚刚进行改革开放,税制还很不健全,国有企业"利改税"刚刚完成,国有企业主要上缴的还是利润。对于企业治理污染和保护环境的行为,政府主要还是采取行政手段进行控制,主要以奖励或利润留存的方式进行激励。在当时的税收体制中,已出现少量通过减免等方式促进污染治理和环境保护工作的制度安排。通过减税、免税和税收返还等财政措施开展的环境保护工作,属于以经济手段调节企业的经营行为,激励企业在生产经营中自觉采取环境保护措施。

1973年第一次全国环境保护会议召开时,我国虽然设有包括工商税、工商所得税、关税和农业税在内的13个税种,但具体条款内容符合《环境保护法(试行)》第三十一条所规定的"国家对企业利用废气、废水、废渣作主要原料生产的产品,给予减税、免税和价格政策上的照顾"的较少。而且在计划经济时期,国有企业主要上缴的是利润,而不是税金。以

1978年为例,我国的税收收入只有519.3亿元,占财政收入和国内生产总值的比重分别为45.9%和14.2%,政府财政收入的主要来源是国有企业上缴的利润。① 1981年《国务院关于在国民经济调整时期加强环境保护工作的决定》强调"要利用经济杠杆,促进企业治理污染",其中的措施包括"对'三废'综合利用的产品,要采取奖励的政策,按照有关规定,实行减、免税和留用利润"。但由于"三废"综合利用技术条件不成熟且成本高昂,税收优惠具体措施不明确且优惠力度小,该措施对企业的激励作用不明显。

第二次全国环境保护会议之后,1984年国务院颁布《关于环境保护工作的决定》,继续鼓励企业开展综合利用,具体措施包括"工矿企业为防治污染、开展综合利用所生产的产品利润五年不上缴,留给企业继续治理污染、开展综合利用"和"工矿企业用自筹资金和环境保护补助资金治理污染的工程项目,以及因污染搬迁另建的项目,免征建筑税"两项税收优惠政策。

环境保护基本法中的税收优惠条款几经更易,1989年颁布的《环境保护法》删除了《环境保护法(试行)》第三十一条所规定的税收优惠内容,直到2014年《环境保护法》修订时,税收优惠条款作为该法的第二十一条和第二十二条才重新加以规定。

四、环境保护基本国策下的环境财政政策实施效果分析

1. 环境财政收入规模不断增加②

随着我国排污收费制度的建立和实施,缴纳排污费的单位数量不断增加,1981年仅为26 897个,1990年达到了186 552个。相应地,征收的排污费金额也不断提高,1981年为37 332万元,1990年达到174 381万元;污染罚款总额也由1983年的999万元增加到1990年的1 605万元。这些财政收入为污染治理和环境保护提供了必要的资金支持。

2. 环境保护能力不断增强

政府在环境保护补助资金、污染治理、区域性综合防治、监测仪器购

---

① 刘佐.中国税制改革40年的简要回顾(1978—2018年)[J].经济研究参考,2018(38):4.
② 1981—1990年所用数据均来源于《中国环境资料汇编》。

置等方面的投资支出增加。例如,环境保护补助资金支出,1983年为41 923万元,1990年达到147 245万元;用于污染治理的投资支出,1981年为14.44亿元,1990年达到45.44亿元。

随着环境保护相关的投资支出增长,我国污染治理能力不断增强。例如,我国工业废水处理量和处理率,在1981年分别为310 947万吨和13%,到1990年这两个指标分别为805 471万吨和32.4%;工业粉尘回收量和回收率,在1981年分别是635.8万吨和16%,到1990年这两个指标分别达到1 972万吨和71.8%。锅炉改造量和改造率、工业炉窑改造量和改造率、工业固体废物处理量和处理率以及综合利用量和综合利用率、"三废"综合利用价值和利润等都不断提高。

3. 主要污染物排放量不断下降

经监测和统计,环境财政政策实施期间,我国主要污染物的排放量不断下降。例如,工业废水中汞、镉、六价铬等主要污染指标均不断下降:1981年这三种污染物的排放量分别是62.19吨、235.55吨和2 366.65吨;1990年相关指标大幅下降,分别为25.44吨、152.12吨和699.78吨。

4. 政府生态环境保护职能不断健全和完善

我国在1974年10月成立国务院环境保护领导小组,之后各省也分别成立环保机构。1982年成立的环境保护局,隶属于新组建的城乡建设环境保护部。1984年环境保护局改名为国家环境保护局,但隶属关系不变。1988年,国家环境保护局脱离原来的城乡建设部,成为国务院直属机构,其环境保护职能更加明确和独立。

在此期间,我国环境管理方面的法律法规也不断建立健全,包括1978年通过的《中华人民共和国宪法》中规定的环保条款,以及1979年颁布实施的《环境保护法(试行)》等,同时环保部门的执法力度也不断加大。这些都为我国污染治理和环境保护奠定了较好的法律基础。

改革开放以来,在环境财政政策的支持下,我国的环境保护事业不论是在污染治理能力和污染治理效果方面,还是在组织机构改革和环境法律法规建立健全方面,都取得了很好的成绩,为下一阶段我国可持续发展战略的实施提供了良好的基础和条件。

第二节 可持续发展战略与环境财政政策支持

一、可持续发展战略确立:背景、政策与制度建设

(一) 第四次全国环境保护会议及其后续政策和制度

20世纪90年代,我国刚刚开始社会主义市场经济体制改革,粗放型的经济增长方式占据着主导地位,经济增长主要依靠大量的资源投入。粗放型的经济增长方式不仅造成了大量的资源浪费,还带来了严重的环境污染问题。政府官员晋升考核机制的单一化、环境监管机制的不健全、人们环保意识淡薄以及技术落后等原因,加剧了环境污染。污染治理和生态保护任务极为艰巨,城市环境污染加剧,并开始向农村蔓延,生态破坏的范围不断扩大,对人们的身心健康产生严重危害。政府必须加强污染治理和生态保护,切实落实环境保护这一基本国策。

在此背景下,1996年7月,我国召开了第四次全国环境保护会议。此次会议充分结合我国国情,辩证分析了人口、资源与环境的关系。会议认为,贯彻实施可持续发展战略是一件大事,环保问题是关系我国长远发展的全局性战略问题。会议提出,保护环境的实质就是保护生产力,污染防治应与生态保护并举,全面推进环境保护工作。会议明确表达了经济和环境要统筹兼顾、协同发展的思想,绝不能走西方国家"先污染后治理"的老路。

会议提出,要处理好对外开放与环境保护之间的关系,在坚持对外开放的同时,坚决防止和杜绝国外一些企业和个人把浪费资源和污染严重的项目甚至"洋垃圾"带到我国,强调要处理好当前利益与长远利益之间的关系。会议要求在积极为全球环境治理做出贡献的同时,要防止某些国家借环境保护的名义干预我国内政。我国不承诺承担与本国经济社会发展水平不相适应的义务。发达国家理应承担更多的污染治理和生态保护责任。

会议提出,到2000年环境保护的目标是使环境污染和生态破坏加剧

的趋势得到基本控制,部分城市和地区环境质量有所改善。会议为下一个阶段的环境保护工作指出了思路和目标,具体包括节约资源、控制人口数量和提高人口素质、加强环保教育和宣传、提倡合理的消费方式、扭转生态环境恶化的趋势和控制污染物的排放总量等。[①] 要实现这些目标,必须转变经济增长方式,改革经济体制,加强城乡环境管理,提高科学决策水平,从源头上防治污染。

(二) 第五次全国环境保护会议及其后续政策和制度

随着社会主义市场经济的不断发展,政府与市场的关系和分工更加明确,市场在资源配置中的作用日益重要,政府的职能也不断丰富和发展,提供环境基本公共服务逐渐成为政府的主要职能之一。2002年1月,第五次全国环境保护会议召开。会议提出,环境保护作为一项基本国策是可持续发展战略的重要内容,直接关系到现代化建设的成败和中华民族的复兴。[②] 会议还明确指出环境保护是政府的一项重要职能,要按照社会主义市场经济要求,动员全社会力量做好这项工作。

环境保护不仅是扩大内需的重要方面,还关系到经济结构调整。因此,会议提出,必须有效控制污染物的排放总量,加大重点地区的环境综合整治力度,坚持环境影响评价和"三同时"等有效制度,在防治污染的同时,通过落实退耕还林、植树造林等措施加强生态保护工作。

此次会议确定的政策目标是到2005年主要污染物排放总量比2000年减少10%,酸雨控制区或者二氧化硫污染控制区的二氧化硫排放量减少20%,环境污染状况有所减轻,初步遏制生态环境恶化的趋势,城乡环境质量特别是大中城市环境质量得到改善。会议提出,在经济增长方式转变和经济体制改革过程中,要处理好经济与环保、政府负责与行政干预之间的关系,强化宏观管理意识,进行分类指导和创造性的工作,注意工作中的方式方法[③],最终实现既定的环保目标。

---

① 江泽民.必须把实施可持续发展战略始终作为大事来抓:1996年7月16日在第四次全国环境保护会议上的讲话[J].科技进步与对策.2006(05):1.
② 秦杰.第五次全国环境保护会议隆重召开[J].环境,2002(02):4.
③ 解振华.落实第五次全国环境保护会议精神,全面推进"十五"环境保护工作[J].中国环保产业,2002(02):6.

(三)第六次全国环境保护大会及其后续政策和制度

"十五"期间,虽然我国的环境保护工作在各方的努力下取得了巨大成就,但环境保护形势依然严峻。西方国家长期发展后才会出现的问题,在我国短期内集中出现。各类污染物的排放量依然超过生态环境的承载力,水、土壤和空气等方面的污染范围和面积依然较大并产生新的污染源和污染物。一些污染问题尚未得到彻底解决,新的污染问题又不断产生。两个主要的环保目标没有得到实现,即二氧化硫排放量和化学需氧量没有完成削减20%的控制目标。二氧化硫排放量不降反升,且上升幅度达到27%。化学需氧量小幅度下降,但仅减少2%。究其原因,主要有环保工作重视程度还不够、经济增长方式粗放和政府环保监管力度不大三个方面。

2006年4月,第六次全国环境保护大会召开。大会提出推动经济社会全面协调可持续发展,在新形势下做好环境保护工作要实现三个转变:一是从重经济增长轻环境保护向保护环境与经济增长并重转变,在保护环境中求发展;二是从环境保护滞后于经济发展向环境保护与经济同步发展转变,努力做到不欠新账,多还旧账,改变先污染后治理、边治理边破坏的状况;三是从主要用行政办法保护环境向综合运用法律、经济、技术和必要的行政办法解决环境问题转变,自觉遵循经济规律和自然规律,提高环境保护工作水平。这三个转变明确指出要统筹经济发展与环境保护,意味着我国经济发展与环境保护工作思路的重大转变。

会议提出:到2010年,在保持国民经济平稳较快增长的同时,使重点地区和城市的环境质量得到改善,生态环境恶化趋势基本得到遏制。单位国内生产总值能源消耗比"十五"期末降低20%左右;主要污染物排放总量减少10%;森林覆盖率由18.2%提高到20%。

(四)第七次全国环境保护大会及其后续政策和制度

环境保护已经成为我国贯彻落实科学发展观的重要内容,成为推进生态文明建设的根本措施。通过全社会的积极参与和努力,"十一五"环境保护目标和重点任务全面完成。但我国环境恶化的趋势尚未得到根本遏制,城乡环境特别是农村环境污染有加剧的趋势,很多地区的主要污染物排放量超过环境容量,环境污染问题依然严峻。

2011年12月,第七次全国环境保护大会召开。会议强调了环境的资源属性,认为资源相对短缺、环境容量有限是我国国情新的基本特征。要把环境作为转型发展和民生改善的重要事项,把环境保护作为稳增长、转方式的重要抓手,加快资源节约型、环境友好型社会建设。会议提出要重点解决损害群众健康的突出环境问题,积极改革创新,探索"代价小、效益好、排放低、可持续"的环境保护新道路,处理好保护与发展的关系,争取经济效益、社会效益、资源环境效益等多种效益共赢。会议认为基本的环境质量是一种公共物品,是政府必须确保的公共服务。

此次会议确定了"十二五"期间的环境目标:到2015年,主要污染物排放总量显著减少;城乡饮用水水源地环境安全得到有效保障,水质大幅提高;重金属污染得到有效控制,持久性有机污染物、危险化学品、危险废物等污染防治成效明显;城镇环境基础设施建设和运行水平得到提升;生态环境恶化趋势得到扭转;核与辐射安全监管能力明显增强,核与辐射安全水平进一步提高;环境监管体系得到健全。

此外,国务院委托环境保护部与各省级人民政府和部分央企签订了"十二五"主要污染物总量减排目标责任书,其内容包括各省、自治区、直辖市以及八大中央企业集团"十二五"主要污染物总量控制目标、主要减排任务和措施等。此外,还要求各省级人民政府对本行政区污染减排总负责,采取有效措施,确保总量削减目标和重点减排项目按期完成。根据目标责任书所列项目,"十二五"期间,全国将至少新建1 184座城镇污水处理厂,日处理总能力4 570万吨;4亿千瓦火电机组建设脱硝设施,以及一大批造纸、印染、钢铁、水泥等制造企业启动治理工程。同时,加大监督检查力度,国务院将每年对各省级人民政府的环保工作进行考评,对未完成目标的省级人民政府和企业予以问责和一票否决。

二、可持续发展战略下的环境财政政策目标

可持续发展战略下的环境财政政策目标大致包括以下三个方面。

1. 有效控制污染物排放总量

由于资源使用方式落后,能耗高且利用效率较低等原因,我国各类污染物排放量较大,以二氧化硫和化学需氧量为代表的主要污染物排放

量长期没有得到有效控制。我国环境污染问题一直没有得到有效遏制和根本扭转。各类污染物的大量排放影响自然生态系统的生产力,显著降低物质和能量的转化效率,进而影响整个社会生产率和生产价值的提升。

2. 实现全面协调可持续发展

全面协调可持续发展的关键在于"可持续"。这就要求各级政府在制定和执行财政政策时,必须考虑我国资源环境的承载力和容量,这是我国经济社会发展的硬约束条件。如果污染严重、环境恶化,我国的经济社会发展就会缺乏持续的基础。同时,"可持续"还要求发展必须能够兼顾代际之间的环境福利公平,不能"吃祖宗饭,断子孙路",依靠拼资源、拼环境所维持的高速增长是不可持续的,因此必须转变经济增长方式。实现全面协调可持续发展,既是环境财政政策目标制定需要遵循的一项基本原则,也是环境财政政策的目标。

3. 实现"绿色"和"共享"

党的十八大以来,"绿水青山就是金山银山"的理念已经深入人心,"绿色"和"共享"成为人们的共识。优良的自然环境关系民生福祉,是人们对美好生活追求的目标之一。因此,"让全体人民共享改革和发展成果",实现环境基本公共服务的均等化,也成为财政政策目标之一。为此,各级政府财政不断加大节能环保领域的支出,调整环境财政政策,完善相关机制,不断提升环境基本公共服务均等化水平和公共供给能力,实现既定环境财政政策目标。

三、可持续发展战略下的环境财政政策工具及政策选择

1994年,在分税制财政管理体制改革后,政府不再单一地利用行政手段,而是开始注重综合利用经济政策工具进行环境治理。常用的经济政策工具包括产业政策、财税政策、价格政策等。财政政策是经济政策的组成部分,常用的财政政策工具主要有预算、税收、财政补贴等。与环境治理相关的财政政策工具包括环境财政拨款、环境税费政策以及相应的税收优惠措施等。一般而言,各种财政政策工具需要协调配合才能发挥更大的作用。该时期,在促进可持续发展战略实施过程中,我国选择环境财

政政策工具时坚持了污染治理和污染预防协调并行,并逐渐转向预防为主的思想。

(一) 环境财政拨款

1. 财政补助政策

以庇古为代表的福利经济学派认为,市场失灵是由外部性引发的。鉴于环境的公共物品属性,污染治理和生态保护成为政府弥补市场失灵的一项重要职能。根据全面协调可持续发展战略的要求,政府环境财政政策的主要工作集中在环境治理成本的补偿制度建设方面。财政承担的成本主要包括环境保护及管理成本和环境治理成本。前者主要指由财政承担的因实施相应法律及组建专门的环境监管和执法机构所需的成本。后者主要是根据"谁治理,谁受益"的原则由政府给予生态环境保护者等的财政补助。财政补助的对象包括环境问题的受害者、环境保护的提供者和特定原因导致的破坏环境者。[①] 财政补助的目的是激励企业等经济主体减少污染物排放,采取节能环保等有利于环境治理的行为。例如,对使用清洁能源、提高资源利用效率或购买污染治理设备、减少污染物排放、退耕还林等保护环境行为进行财政补助。

该时期,环境治理相关的财政补助主要用于污染防治、节能环保以及山水林田湖生态保护和修复工程、退耕还林还草、天然林保护全覆盖、草原生态保护补助奖励等多个项目。自 20 世纪 90 年代末期开始,中央财政增加了生态保护的预算规模和转移支付力度及生态补偿项目。为了促进地方经济可持续发展,一些地方政府也出台了相关政策。例如,2005 年浙江省出台的《关于进一步完善生态补偿机制的若干意见》对生态环保和补偿问题予以统筹,并开始了生态补偿试点。[②]

2. 政府污染治理基础设施投资政策

由政府对污染治理基础设施进行投资,是提高污染治理能力、减少污染物排放量、保护环境的一项重要政策。由于污染治理基础设施具有公共物品的特性,并且利用其进行污染集中控制还具有节省防治污染投资

---

① 郭艳红. 开放条件下我国环境财政政策研究[M]. 北京:经济科学出版社,2013:174.
② 逯元堂等. 环境公共财政实践与展望[M]. 北京:中国环境科学出版社,2010:18.

和费用的优点,该项投资成为政府必要的财政环境支出,是常用的一种环境财政政策。

在这一阶段,政府强化了环境保护能力建设,特别是增加了污染治理、跨流域污染治理以及环境监测等基础设施的投资。来自国家统计局的数据显示,2014年我国污染治理投资总额为9 575.5亿元,占国内生产总值的1.5%。其中,城市污染治理基础设施投资总额为5 463.9亿元,约占当年总投资额的57%。这为治理污染、改善环境质量提供了坚实的资金支撑。

3. 环保专项基金政策

由政府设立环保专项基金,不仅能保证污染治理和环境保护所需资金,还由于资金的定向使用,能大幅提高资金的使用效率。

自2004年设立中央环保专项资金以来,各级各类环保专项资金不断涌现,如2007年中央财政设立主要污染物减排专项资金和重点流域水污染治理专项资金等。各级政府专门设立专项基金,为推进污染治理和节能环保事业发展提供了有力的资金支持。

4. 政府绿色采购政策

政府从需求角度优先采购符合国家既定节能减排标准的产品和服务,可以在促进环保产业发展的同时达到节能减排的目的,减轻环境压力,改善环境质量。

2002年6月我国颁布实施《中华人民共和国政府采购法》,2006年10月财政部联合环境保护部发布《关于环境标志产品政府采购实施的意见》,同年还制定了《可再生能源发展专项资金管理暂行办法》等。以此作为执法依据,2008年我国开始在全国范围内推行政府绿色采购,这有力地支持了绿色生产生活方式的转型,支持了环保产业的发展。

5. 建立排污权交易市场

以科斯为代表的制度经济学派认为,导致市场失灵的不是外部性,而是产权制度的缺乏。该学派认为,应建立完善清晰的产权制度,在市场机制完善的前提下,通过排污权交易市场来解决环境污染问题。随着我国市场经济不断发展,建立排污权交易市场,让市场发挥污染治理作用的条件逐渐成熟,这可以有效降低污染治理成本,减轻财政支出压力。

整体上,我国政府继续调整财政支出结构,不断加大财政对节能环保领域的支持力度,扩大环境财政支出规模,为节能环保事业的发展提供财力保障,同时持续优化污染治理、能源节约以及生态环保等环境领域内的财政支出结构,根据不同时期的战略要求,有侧重地进行财力支持。

此外,财政部每年都修订和颁布《政府收支分类科目》,对节能环保领域的支出形式进行详细分类,可为环境治理提供必要的资金保障,激励环境保护行为,减少污染物排放数量以及监督政府环境保护职能,为政府运用财政支出工具进行环境治理提供更大的选择空间。

(二) 环境税费政策

为了有效配置资源,保证产出量满足社会需求量,有效保护环境,政府可以通过建立产权制度,根据"谁破坏,谁治理"的原则,由破坏环境者承担污染治理的成本,使得污染治理成本内部化。

环境领域的税费政策可以分为两类,一种是对环境污染者的排污行为收取排污费,另一种是对环境污染者征收环境税。这两种政策既有区别又有相同之处。由于税收比收费制度拥有更多的优点,税收政策在污染防治和生态保护建设方面将发挥更大的作用。

1. 排污收费制度

排污收费制度包括排污申报制度、排污许可制度以及排污处罚制度。根据"污染者付费"原则,对污染行为和资源利用行为进行收费,可以促进社会公平和资源的有效利用。2003 年,我国政府颁布并实施了《排污费征收使用管理条例》,其内容主要包括收费原则确定、收费方式改变、收费对象扩大、实行收支两条线管理、明确专款专用以及按比例上缴中央等。直到 2018 年 1 月 1 日开始征收环境保护税,原有的排污收费制度才被环境保护税替代。

2. 环境税收类政策

与环境有关的税种主要有资源税、消费税、城市维护建设税、车船使用税和城镇土地使用税。此外,增值税、企业所得税等其他税种主要是以减免税的方式对污染防治和环境保护给予支持。20 世纪 90 年代中期,随着市场经济的发展,我国政府开始利用消费税、资源税等税收政策调控环境污染行为,鼓励企业综合利用资源,促进环保产业的发展。进入新世纪后,我国政府更是通过税制改革,强化财税政策工具的环境治理作用。

这一时期,我国还没有开征专门的环境税,只是在其他税种里面规定了污染治理和环境保护相关税收政策。2006 年,通过消费税税制改革,我国扩大了消费税征收范围,调整了税目和税率等税制要素;2009 年,我国又开征了燃油消费税,消费税逐渐成为环境保护相关的重要税种。2004 年我国上调资源税征收标准,调整了减税和免税项目以及矿产资源的优惠政策,促进了资源的合理开发利用和经济的可持续发展。此外,1979 年在部分城市试行的增值税,1985 年开征的城市维护建设税,1987 年和 1988 年开征的耕地占用税和城镇土地使用税,2001 年开征的车辆购置税,以及 2012 年开征的车船税等税种都有一些与环境保护和资源节约利用相关的规定,具有一定的环境保护作用。例如,《增值税暂行条例》中有与农业生产相关的减免税收优惠,包括即征即退、减半征收和免征增值税等;《消费税暂行条例》中有针对使用清洁能源以及节能产品的应税行为制定的减免税收优惠;《企业所得税法》法律条文中有针对节能环保行业实行的减免税收优惠。

四、可持续发展战略下的环境财政政策实施效果分析

考虑到政策实施效果的滞后性,本书通过比较 1997 年以来的相关数据和指标论述我国环境财政政策的实施效果。

1. 节能环保财政收支规模持续快速增加

据财政部统计,2017 年我国节能环保支出达到 5 617.33 亿元,其中,中央财政安排 497 亿元环保专项资金,支持各地加强大气、水、土壤污染治理和农村环境综合整治;同时,节能环保支出的结构不断优化,财政管理体制机制不断完善。2018 年我国节能环保支出达到 6 297.60 亿元,同比增长 13%。2019 年节能环保支出为 7 390.20 亿元,同比增长 18.2%。在与生态环境有关的税费收入方面,2015 年我国征收排污费约 178 亿元。2018 年停征排污费,新开征环境保护税,税收达到 151 亿元。2019 年全国环境保护税收入 221 亿元,同比增长 46.1%。2020 年,由于新型冠状病毒感染疫情暴发等原因,我国节能环保支出 6 317 亿元,同比

下降14.1%;同期环境保护税收入为207亿元,同比下降6.4%。

2. 污染源控制范围扩大

1997年,受控污染源主要集中在工业领域,包括工业废水、工业固体废物、工业废气以及城市环境中以交通噪声为代表的噪声污染。从2017年开始至今,受控污染源的范围已经从传统的工农业和生活领域扩大到工业污染源、农业污染源、生活污染源、集中式污染治理设施、移动污染源和化学品环境国际公约管控物质等方面。随着污染源控制范围的扩大,环境治理的范围和财政政策作用的领域也相应扩大。

3. 污染治理投资规模扩大和环保能力不断提高

根据《1997年中国环境状况公报》的数据,1997年,我国环境污染治理投资总额为502.4亿元,其中,城市环境基础设施建设投资257.2亿元,老污染源治理更新改造投资116.4亿元,新建"三同时"环保项目投资128.8亿元,工业废水处理率和排放达标率分别是78.9%和54.4%。1997年,我国共完成99个在《中国跨世纪绿色工程规划》中列明的水污染治理项目,淮河流域工业企业基本实现达标排放,政府通过调水价和征收污水处理费等措施提高了水资源的利用效率;完成42项在《中国跨世纪绿色工程规划》中列明的大气污染治理项目,工业废气中燃烧废气消烟除尘率和废气净化处理率分别达到88.4%和76.9%。

2014—2017年,工业污染治理投资总额分别达到997.7亿元、773.7亿元、819.0亿元、681.5亿元。2020年,我国在城市环境基础设施建设投资、老工业污染源治理投资、建设项目竣工验收环保投资三个方面的投资总额为10 638.9亿元,占国内生产总值的1.0%,占全社会固定资产投资总额的2.0%。①

4. 主要污染物排放量发生结构性变化

1997年,废水污染物中化学需氧量排放量为1 757万吨。② 2017年,废水污染物中化学需氧量排放量下降为608.9万吨,其中工业源、农业

---

① 中华人民共和国生态环境部. 2020年中国生态环境统计年报[R/OL]. (2022-02-18)[2020-03-23]. http://www.mee.gov.cn/hjzl/sthjzk/sthjtjnb/202202/W020220218339925977248.pdf.

② 国家环保总局. 1997年中国环境状况公报[R/OL]. (1998-06-05)[2020-05-12]. https://www.mee.gov.cn/gkml/sthjbgw/qt/200910/W020091031555137374360.pdf.

源、生活源和集中式治理设施的化学需氧量排放量分别为91.0万吨、31.8万吨、483.8万吨和2.3万吨,生活源的化学需氧量排放量最多;废水中的氨氮、总氮、总磷以及重金属等的排放量为50.9万吨、120.3万吨、7.0万吨、182.6吨,相比1997年也有大幅度下降。① 2020年相同指标的变化呈现总体上升、部分下降、部分上升的特征。全国废水中化学需氧量排放量为2 564.8万吨,其中工业源(含非重点)、农业源、生活源和集中式污染治理设施废水(含渗滤液)中化学需氧量排放量分别为49.7万吨、1 593.2万吨、918.9万吨和2.9万吨,农业源废水中化学需氧量排放量上升最多;废水中的氨氮、总氮、总磷以及重金属等的排放量为98.4万吨、322.3万吨、33.7万吨、73.1吨。②

2017年,废气中的二氧化硫、氮氧化合物和颗粒物排放量分别是610.8万吨、1 348.4万吨和1 284.9万吨。其他环境质量指标,例如,工业固体废物(一般工业固体废物和工业危险废物),其产生量、综合利用量和处置量总体呈上升趋势。③ 2020年同类指标分别为318.2万吨、1 019.7万吨和611.4万吨。④

5. 生态建设不断取得新成就

我国通过全民植树造林和五大防护林生态工程建设,有效增加了森林总量,改善了森林资源分布不均的状况。根据第八次全国森林资源清查(2009—2013年)数据,我国森林面积达到2.08亿公顷,森林覆盖率超过21%,森林蓄积量为151.37亿立方米。联合国粮农组织发布的2015年全球森林资源评估结果显示,中国森林面积和森林蓄积量分别位

---

① 中华人民共和国生态环境部. 2017中国生态环境状况公报[R/OL]. (2017-05-31)[2020-05-12]. https://www.mee.gov.cn/hjzl/sthjzk/zghjzkgb/201805/P020180531534645032372.pdf.
② 中华人民共和国生态环境部. 2020年中国生态环境统计年报[R/OL]. (2022-02-18)[2020-03-23]. http://www.mee.gov.cn/hjzl/sthjzk/sthjtjnb/202202/W020220218339925977248.pdf.
③ 中华人民共和国生态环境部. 2017中国生态环境状况公报[R/OL]. (2017-05-31)[2020-05-12]. https://www.mee.gov.cn/hjzl/sthjzk/zghjzkgb/201805/P020180531534645032372.pdf.
④ 中华人民共和国生态环境部. 2020年中国生态环境统计年报[R/OL]. (2022-02-18)[2020-03-23]. http://www.mee.gov.cn/hjzl/sthjzk/sthjtjnb/202202/W020220218339925977248.pdf.

居世界第 5 位和第 6 位,人工林面积居世界首位。2020 年,全国森林覆盖率达到 23.04%,森林蓄积量达到 175.6 亿立方米。①

我国通过开展牧区开发示范工程、抗灾保畜、飞播牧草、灭鼠治虫和草原防火等五项工程建设,有效改善了草原生态。全国草原面积近 4 亿公顷,约占国土面积的 41.7%,成为我国面积最大的陆地生态系统和生态屏障。同时,草原生产力大大提高。2017 年,全国天然草原鲜草总产量 106 491.18 万吨,比 2016 年提高 2.53%;折合干草约 32 841.93 万吨,载畜能力约 25 814.22 万羊单位,均比 2016 年上升 2.54%。② 2020 年,全国草原综合植被覆盖率为 56.1%,天然草原鲜草总量稳定在 11 亿吨左右。③

自然保护区数量和面积都有大幅度增加。据统计,截至 2017 年年底,全国共建立各种类型的、不同级别的自然保护区 2 750 个,比 1997 年增加 1 824 个。自然保护区面积从 1997 年的 76.98 万平方公里增加到 2017 年的 147.17 万平方公里(其中,自然保护区陆域面积达 142.70 万平方公里,约占陆域国土面积的 15%)。国家级自然保护区有 463 个,面积达 97.45 万平方公里。生态环境质量明显改善,生物多样性,包括生态系统、物种和遗传资源多样性也都大大增加,已知物种及种下单元数 92 301 种。④ 2020 年,仅国家级自然保护区数量就达到 474 个,总面积达到 98.34 万平方公里。⑤ 生态环境质量进一步改善。

6. 生态环境管理制度不断完善

(1) 环境保护管理机构日益健全。1974 年 10 月,国务院环境保护领

---

① 中华人民共和国生态环境部. 2020 中国生态环境公报[R/OL]. (2021-05-26)[2022-03-23]. http://www.mee.gov.cn/hjzl/sthjzk/zghjzkgb/202105/P020210526572756184785.pdf.
② 中华人民共和国生态环境部. 2017 中国生态环境状况公报[R/OL]. (2017-05-31)[2020-05-12]. https://www.mee.gov.cn/hjzl/sthjzk/zghjzkgb/201805/P02018053153464503 2372.pdf.
③ 中华人民共和国生态环境部. 2020 中国生态环境公报[R/OL]. (2021-05-26)[2022-03-23]. http://www.mee.gov.cn/hjzl/sthjzk/zghjzkgb/202105/P020210526572756184785.pdf.
④ 中华人民共和国生态环境部. 2017 中国生态环境状况公报[R/OL]. (2017-05-31)[2020-05-12]. https://www.mee.gov.cn/hjzl/sthjzk/zghjzkgb/201805/P02018053153464503 2372.pdf.
⑤ 中华人民共和国生态环境部. 2020 中国生态环境公报[R/OL]. (2021-05-26)[2022-03-23]. http://www.mee.gov.cn/hjzl/sthjzk/zghjzkgb/202105/P020210526572756184785.pdf.

导小组设立,各省、自治区、直辖市也相继成立各自的环保机构。1993年,全国人大常委会和全国政协分别下设了环境与资源委员会和环境与人口委员会。1998年6月,国家环境保护局升格为国家环境保护总局(正部级)。2008年7月,国家环境保护总局升格为环境保护部。

(2) 环保执法依据不断完善。1997年,我国制定和完善了相应的法规制度,各级政府依据相关法律法规治理污染的力度开始不断加大。1997年修订的《中华人民共和国刑法》增加了"破坏环境和资源保护罪",国家立法在有关环境犯罪规定方面实现重大突破。国家和地方各有关部门据此制定和颁布了一些与环境保护相关的规章、制度和办法。截至1997年,我国已颁布环境保护方面的法律6部、资源保护方面的法律9部、环境保护方面的行政法规28件,环保部门已发布环境保护规章70余件,地方颁布环境保护法规和规章900余件。1997年,环境标准建设工作得到加强,国家发布17项标准,其中,国家标准16项,行业标准1项。至此,我国已有环境保护方面的国家标准361项,其中,环境质量标准11项,污染物排放标准79项,监测方法标准231项,标准样品标准29项,基础标准11项。① 2020年,现行有效的地方性环保法规共462件,现行有效的地方性环保规章共152件,发布地方环境质量标准和污染物排放标准22项,年受理行政复议案件685件。②

(3) 环境执法力度加大。2017年,我国政府开展强制性清洁生产审核评估6 352个,其中实施自动监控的重点排污单位数达26 446个,纳入随机抽查的污染源数量达80.95万家,随机抽查污染源数量达63.26万家(次),政府下达处罚决定书23.32万份,罚没金额115.8亿元,处理应对突发环境事件次数302次。③ 环境治理执法力度的加大,有力地保障了环境财政政策的实施效果。2020年,全国已实施自动监控的重点排污单

---

① 国家环保总局.1997年中国环境状况公报[R/OL].(1998-06-05)[2020-05-12]. https://www.mee.gov.cn/gkml/sthjbgw/qt/200910/W020091031555137374360.pdf.

② 中华人民共和国生态环境部.2020年中国生态环境统计年报[R/OL].(2022-02-18)[2020-03-23].http://www.mee.gov.cn/hjzl/sthjzk/sthjtjnb/202202/W02022021833992597 7248.pdf.

③ 中华人民共和国生态环境部.2016—2019年全国生态环境统计公报[R/OL].(2020-12-14)[2020-12-18].https://www.mee.gov.cn/hjzl/sthjzk/sthjtjnb/202012/P020201214580320 276493.pdf.

位 31 209 家,涉及废水自动监控排放口 20 001 个,废气排放口 32 051 个,同比分别上升 31.0%、21.7% 和 36.2%。全国日常监管执法检查 66.14 万家(次),其中对一般排污单位检查 32.19 万家(次),对重点排污单位检查 10.24 万家(次),对特殊监管对象检查 2.06 万家(次),对其他执法事项监管检查 21.65 万家(次)。全国下达环境行政处罚决定书 12.6 万份,罚没款数额总计 82.4 亿元。①

自 20 世纪 90 年代中后期至 2020 年,经过多年的污染治理和生态保护,不论是水、空气、土壤等传统环保领域,还是核与辐射等新型环保领域,我国生态环境质量整体上得到明显改善,有效防范和化解了生态环境风险,推进了可持续发展战略。其中,环境财政政策发挥了显著的作用。

第三节　绿色发展理念与环境财政政策支持

一、绿色发展理念确立:背景、政策与制度建设

(一) 五大发展理念之绿色发展

当前,中国特色社会主义进入新时代,人民日益增长的美好生活需要和不平衡不充分的发展之间的矛盾成为社会主要矛盾。矛盾是事物发展的根本动力,解决矛盾要抓住主要矛盾和矛盾的主要方面,以更好地满足人民的美好生活需要。因此,我国必须创新发展路径,绝不能走西方先污染后治理的老路,而是要走一条具有中国特色的绿色发展创新之路,实现人与自然和谐共生。

绿色发展的概念最先出现在联合国开发计划署发布的《2002 年中国人类发展报告》中。该报告认为,绿色发展就是更加积极的、以人为本的可持续发展,而既能满足当代又能满足后代的发展才是可持续的发展。值得注意的是,自 20 世纪中叶起,虽然人类在自然科学、生产技术、经济

---

① 中华人民共和国生态环境部. 2020 年中国生态环境统计年报[R/OL]. (2022-02-18)[2020-03-23]. http://www.mee.gov.cn/hjzl/sthjzk/sthjtjnb/202202/W020220218339925977248.pdf.

发展上取得了空前成就，但是由于多采取以高投入、高耗能、高排放、高污染为特征的粗放型发展方式，全球生态环境问题频发，突出表现为大气污染严重、自然资源日益枯竭、能源危机、温室效应加剧等，人类生存环境日益遭到破坏。据世界卫生组织统计，2012年约有700万人死于空气污染，占当年全球死亡总数的1/8，其中东南亚和西太平洋区域的低收入和中等收入国家约有330万人死于室内空气污染，260万人死于室外空气污染。① 联合国2020年《世界水发展报告》数据显示，近十年全球90%以上的重大自然灾害表现为洪水、风暴、干旱和其他与天气有关的灾害性事件，到2030年全球可能面临40%的水资源短缺，水安全与气候变化将是未来数十年全球面临的持续而深刻的危机。另外，水污染、土地荒漠化和生物多样性锐减等也让人们意识到必须重新审视生态环境和经济发展协调的问题。1972年，联合国人类环境会议提出，人类只有一个地球，各国应该重视生态保护和环境改善问题。2012年，参加联合国可持续发展大会的183个国家和70个国际组织就"我们期望的未来"达成共识，要坚持可持续发展和绿色发展。

自1978年改革开放以来，我国经济社会发展成就斐然，国内生产总值持续高速增长，人民生活日益富足，还消除了绝对贫困，但是生态环境也受到破坏和污染。我国的可持续发展面临着比其他经济体更为严峻的环境资源约束。例如，我国人均水资源占有量约为2 350立方米/年，仅为世界人均水平的26.6%。也正因如此，1996年我国就提出要改变经济发展模式，实施可持续发展战略。

在党的十八届五中全会上，习近平总书记提出了"创新、协调、绿色、开放、共享"的五大发展理念。其中，创新发展注重的是解决发展动力问题，协调发展注重的是解决发展不平衡问题，绿色发展注重的是解决人与自然和谐问题，开放发展注重的是解决发展内外联动问题，共享发展注重的是解决社会公平正义问题。② 五大发展理念相互贯通、相互促进，是具

---

① WHO. 7 Million Premature Deaths Annually Linked to Air Pollution [R/OL]. (2014-3-25) [2020-12-25]. https://www.who.int/news/item/25-03-2014-7-million-premature-deaths-annually-linked-to-air-pollution.

② 习近平. 在党的十八届五中全会第二次全体会议上的讲话(节选)[EB/OL]. (2015-10-29)[2020-12-25]. http://www.qstheory.cn/dukan/2020-06/04/c_1126073270.htm.

有内在联系的集合体。绿色发展是今后科技革命和产业变革的方向,是破解我国经济发展中资源约束、环境污染和生态退化难题的必然选择,也是满足人民对美好环境、安全食品等需要的唯一路径,更是建设资源节约型、环境友好型社会,推进美丽中国建设的正确选择。

实现绿色发展要"以生态文明建设为基本抓手,以绿色低碳循环为主要原则,以人与自然和谐为价值取向"①,"把生态环境容量和资源承载力作为基本前提条件,在传统经济发展基础上进行模式创新,创建一种实现可持续发展和生态系统平衡的新型发展方式"②。要切实转变经济发展模式,发展循环经济,促进绿色生产、绿色消费,构建绿色发展法律体系和绿色政绩评价体系。要依靠科技支撑,建立健全技术创新投融资机制、税收优惠政策、知识产权保护制度,设立绿色技术创新投资基金③,构建绿色科技的科学评价体系,加快绿色科技的实践转化与产业化示范。要广泛开展绿色发展理念宣传教育,通过家庭、学校、社会等途径加强公民生态教育,培养人们的环境保护意识,形成尊重自然环境、建设生态文明的浓厚文化氛围。

(二) 绿水青山就是金山银山

随着"建设生态文明是中华民族延续发展的千年大计,必须树立和践行绿水青山就是金山银山的理念"被写入党的十九大报告,"增强绿水青山就是金山银山的意识,坚持节约资源和保护环境的基本国策"被载入中国共产党章程,"绿水青山就是金山银山"④(以下简称"两山"理论)这一具有中国特色的绿色发展理论,为我们重新审视人与自然、生态与经济的关系和生态文明建设提供了新视角。"两山"理论揭示了经济发展与生态环境保护的辩证统一关系,既是对我国环境与经济发展关系及演变规律的深刻阐释,也是对环境经济学理论的形象概括和发展,体现的是发展理

---

① 任理轩.坚持绿色发展:"五大发展理念"解读之三[N].人民日报,2015-12-22(7).
② 中央党校哲学教研部.五大发展理念:创新协调绿色开放共享[M].北京:中共中央党校出版社,2016:165-166.
③ 谷树忠,谢美娥,张新华,等.绿色发展:新理念与新措施[J].环境保护,2016(12):13.
④ 2005年8月,时任浙江省委书记的习近平同志在浙江安吉余村考察时,首次提出"绿水青山就是金山银山"的理念。

念、发展模式、发展思路的深刻变革。①

"两山"理论大体上经历了萌芽、发展和成熟三个阶段。萌芽阶段主要是对绿水青山和金山银山的辩证关系的阐述,形成了"两山"理论雏形,其主要标志是《绿水青山也是金山银山》《从"两座山"看生态环境》②和《破解经济发展和环境保护的"两难"悖论》三篇文章的发表,提出了"如果把生态环境优势转化为生态农业、生态工业、生态旅游等生态经济优势,那么绿水青山也就变成了金山银山"③,论述了"实践中对'两山'之间关系认识的三个阶段,得出'两座山'是和谐统一的关系"④,强调"经济发展和环境保护是传统发展模式中的一对'两难'矛盾,是相互依存、对立统一的关系"⑤。2006年,"两山"理论进入发展阶段,理论内涵不断丰富。2013年,习近平总书记在哈萨克斯坦那巴尔巴耶夫大学发表演讲时又一次论述了"我们既要绿水青山,也要金山银山。宁要绿水青山,不要金山银山,而且绿水青山就是金山银山"⑥的"两山"理论。随后学术界又发展出"绿水青山和金山银山绝不是对立的,保护生态环境就是保护生产力,改善生态环境就是发展生产力"⑦,"环境就是民生,青山就是美丽,蓝天也是幸福"⑧等一系列理念。2015年之后,"两山"理论走向成熟并成为我国生态文明建设的指导思想,其主要标志是2015年"坚持绿水青山就是金山银山"被写入《中共中央 国务院关于加快推进生态文明建设的意见》,2017年"必须树立和践行绿水青山就是金山银山的理念"被写入党的十九大报告,"增强绿水青山就是金山银山的意识"被写入中国共产党章程。

从经济内涵来看,"绿水青山"是自然生态环境的集合,包括自然资产、生态产品与服务、优质健康的生态环境及其附属产品和服务⑨,而"金

---

① 王勇."两山"理论内涵的经济学思考[J].环境与可持续发展,2019,44(06):53.
② 这两篇文章的作者哲欣是时任浙江省委书记的习近平同志的笔名,文章内容是对其在浙江安吉余村提出的"绿水青山就是金山银山"观点做进一步阐释,也是对"两山"理论的思考。
③ 哲欣.绿水青山也是金山银山[N].浙江日报,2005-08-24(1).
④ 哲欣.从"两座山"看生态环境[N].浙江日报,2006-03-23(1).
⑤ 习近平.之江新语[M].杭州:浙江人民出版社,2007:223.
⑥ 习近平.习近平关于全面建成小康社会论述摘编[M].北京:中央文献出版社,2016:171.
⑦ 单锦炎.把绿水青山的生态优势转化为金山银山的发展优势[J].政策瞭望,2015(10):25.
⑧ 杜雯翠,江河."绿水青山就是金山银山"理论:重大命题、重大突破和重大创新[J].环境保护,2017,45(19):34.
⑨ 王勇."两山"理论内涵的经济学思考[J].环境与可持续发展,2019,44(06):53.

山银山"意指经济收益和民生福祉。"绿水青山就是金山银山"就是要于生态环境中获得经济收益和民生福祉,因为"良好的生态环境是最普惠的民生福祉",并且"环境就是民生,青山就是美丽,蓝天也是幸福,绿水青山就是金山银山"①。

相对于传统经济发展模式,"两山"理论体现的是新的发展理念,即通过有效的路径实现生态资源的经济价值,以及不可用货币衡量的休闲娱乐、健康服务等生态价值。"两山"理论在要素投入上强调对生态流量资源的利用,实现资源由消耗性利用向非消耗性利用方式转变,提升消耗性利用生态环境资源成本,探索更多的生态价值实现形式,发展与"绿水青山"共生共存的内生性产业。②"两山"理论认为"绿水青山"从本质上说是公共物品、生产要素和发展要素。"绿水青山"的公共物品属性,表现在生态环境是大家的,但作为生产和发展要素,有很多的生态资源具有一定的私人物品的属性。如果过于关注生态环境要素的私人物品属性而无视其公共物品属性,就有可能导致"公地悲剧"。应该通过一些方式进行生态补偿,回归生态环境的公共物品属性。"两山"理论强调挖掘生态环境系统在休闲、美学等方面蕴含的经济价值,开展生态系统价值核算、自然资源资产负债表的编制等工作,使得生态环境非货币化价值显性化。

(三) 第八次全国生态环境保护大会及其后续政策支持

2018年5月18日至5月19日,第八次全国生态环境保护大会在北京召开。大会总结了党的十八大以来我国生态文明建设和生态环境保护工作取得的历史性成就和发生的历史性变革,阐述了加强生态文明建设的重大意义,提出了加强生态文明建设必须坚持的重要原则,对加强生态环境保护、打好污染防治攻坚战做出了重大部署。

历次全国环境保护大会的主要成就见表2.1。与往届大会相比,2018年全国生态环境保护大会开创了四个第一:第一次由党中央决定召开,总书记第一次出席大会并发表重要讲话,第一次以中共中央、国务院名义印发生态环境保护方面的文件,第一次冠以"全国生态环境保护大

---

① 杜雯翠,江河."绿水青山就是金山银山"理论:重大命题、重大突破和重大创新[J].环境保护,2017,45(19):35.
② 黄祖辉."绿水青山"转换为"金山银山"的机制和路径[J].浙江经济,2017(8):11.

会"之名。① 此次会议最大成就是习近平生态文明思想成为建设新时代中国特色社会主义生态文明和美丽中国的思想武器和行动指南,标志着我国生态环境保护事业进入全新的历史发展阶段。

表2.1 历次全国环境保护大会主要成就

年次	召开日期	主要成就
第一次	1973年8月5日至20日	正式提出了"全面规划,合理布局,综合利用,化害为利,依靠群众,大家动手,保护环境,造福人民"的"三十二字方针",这是我国第一个关于环境保护的战略方针
第二次	1983年12月31日至1984年1月7日	正式确立了环境保护是我国的一项基本国策,提出经济建设、城乡建设和环境建设要同步规划、同步实施、同步发展
第三次	1989年4月28日至5月1日	评价了当前的环境保护形势,总结了环境保护工作的经验,提出了新的五项制度,强调制度建设,以推动环境保护工作迈上新的台阶
第四次	1996年7月15日至17日	提出环境保护是实施可持续发展战略的关键,保护环境就是保护生产力。确定了坚持污染防治和生态保护并重的方针,决定实施"污染物排放总量控制计划"和"中国跨世纪绿色工程规划"
第五次	2002年1月8日	提出环境保护是政府的一项重要职能,要按照社会主义市场经济的要求,动员全社会的力量做好这项工作
第六次	2006年4月17日至18日	提出了"三个转变":一是从重经济增长轻环境保护转变为环境保护与经济增长并重;二是从环境保护滞后于经济发展转变为环境保护与经济发展同步;三是从主要用行政办法保护环境转变为综合运用法律、经济、技术和必要的行政办法解决环境问题,提高环境保护工作水平
第七次	2011年12月20日至21日	强调坚持在发展中保护、在保护中发展,积极探索环境保护新路径,切实解决影响科学发展和损害群众健康的突出环境问题,全面开创环境保护工作新局面。会后,迅速发布"水十条""大气十条""土十条"等环保措施
第八次	2018年5月18日至19日	提出加大力度推进生态文明建设、解决生态环境问题,坚决打好污染防治攻坚战,推动中国生态文明建设迈上新台阶

资料来源:根据历次环境保护会议整理。

———————————

① 吴舜泽,刘越,俞海.全国生态环境保护大会三大成果的理论思考[J].环境保护,2018,46(11):12.

改革开放40多年来,随着生活水平不断提高,人民"盼环保""求生态",对优美生态环境的需求日益迫切。切实改善环境质量,满足人民需求,建设生态文明顺应了人民对美好生活的期待,是我们党的宗旨所在、使命所在、责任所在。

新时代生态文明建设要遵循六个原则:一是坚持人与自然和谐共生,生态环境没有替代品,正如古人所言"天地与我并生,而万物与我为一""万物各得其和以生,各得其养以成";二是坚持"绿水青山就是金山银山"的发展理念,处理好经济发展与生态保护的关系,保护生态环境就是保护生产力,改善生态环境就是发展生产力;三是良好生态环境是最普惠的民生福祉,环境就是民生,青山就是美丽,蓝天就是幸福,保护生态环境就是为了民生;四是山水林田湖草是生命共同体,生态是统一的自然系统,是相互依存紧密联系的有机链条,是人类生存发展的物质基础;五是用最严格最严密的法治保护生态环境,加快制度供给,强化制度刚性,严格执法;六是共谋全球生态文明建设,积极应对全球气候变化,同舟共济,共建人类美好家园。①

此次全国生态环境保护大会确定了两个阶段的目标:一是通过加快构建生态文明体系,提升我国经济发展质量和效益,确保到2035年形成节约资源和保护环境的空间格局、产业结构、生产和生活方式,美丽中国目标基本实现;二是到21世纪中叶,建成富强、民主、文明、和谐、美丽的社会主义现代化强国,物质文明、政治文明、精神文明、社会文明、生态文明全面提升,绿色发展模式和生活方式全面形成,人与自然和谐共生,生态环境领域国家治理体系和治理能力现代化全面实现,建成美丽中国。

此次会议提出,为了建设生态文明,必须坚持党的领导,全面推动绿色发展,形成绿色生产、消费和生活方式,着力解决当前面临的环境问题,打赢蓝天保卫战,深入实施污水防治计划,全面落实土壤污染防治行动计

---

① 习近平.在全国生态环境保护大会上的讲话《坚决打好污染防治攻坚战推动生态文明建设迈上新台阶》[J].党建,2018.(06):4.

划,有效防范和化解生态环境风险,加快推进生态文明体制改革,提高环境治理水平,建立科学合理的考核评价机制和生态环保铁军,确保各项政策落实到位。

二、绿色发展理念下的环境财政政策目标

财政是国家治理的基础与重要支柱,财政政策应该为国家战略服务,以实现国家战略目标。绿色发展是破解我国经济资源约束、环境污染和生态退化难题的必然选择。实现绿色发展一定要"以生态文明建设为基本抓手,以绿色低碳循环为主要原则,以人与自然和谐为价值取向"①,切实转变经济发展方式。因此,环境财政政策目标也一定要和国家战略目标保持一致,支持绿色发展,促进绿色生产和绿色消费,建设资源节约型、环境友好型社会,推进美丽中国建设,实现全国生态环境保护大会确定的阶段目标。

当前环境财政政策主要实现以下两个目标。

1. 助力国家实现污染防治目标

2018年3月,建设生态文明被写入宪法,同年6月,中共中央、国务院发文,明确要求打好蓝天、碧水、净土三大保卫战(见表2.2),打赢蓝天保卫战、城市黑臭水体治理攻坚战、农业农村污染治理攻坚战等七大标志性战役。到2020年,实现全国细颗粒物浓度未达标地级及以上城市数量比2015年下降18%以上,地级及以上城市空气质量优良天数比率达到80%以上,全国地表水Ⅰ~Ⅲ类水体比例达到70%以上,劣Ⅴ类水体比例控制在5%以内,受污染耕地安全利用率达到90%左右,污染地块安全利用率达到90%以上,生态保护红线面积占比达到25%左右,森林覆盖率达到23.04%等目标。为实现2018年全国生态环境保护大会确定的两个阶段目标(到2035年基本实现美丽中国和到21世纪中叶建成美丽中国),奠定坚实基础。

---

① 任理轩.坚持绿色发展:"五大发展理念"解读之三[N].人民日报,2015-12-22(7).

表 2.2　三大保卫战部署

三大保卫战	主要任务
坚决打赢蓝天保卫战	加强工业企业大气污染综合治理;大力推进散煤治理和煤炭消费减量替代;打好柴油货车污染治理攻坚战;强化国土绿化和扬尘管控;有效应对重污染天气
着力打好碧水保卫战	打好水源地保护攻坚战;打好城市黑臭水体治理攻坚战;打好长江保护修复攻坚战;打好渤海综合治理攻坚战;打好农业农村污染治理攻坚战
扎实推进净土保卫战	强化土壤污染管控和修复;加快推进垃圾分类处理;强化固体废物污染防治

资料来源:根据《中共中央　国务院关于全面加强生态环境保护坚决打好污染防治攻坚战的意见》整理。

2. 助力绿色生产和消费

推行绿色生产和消费是建设生态文明、实现高质量发展的重要内容。绿色生产和消费涉及社会经济、生态环境保护的各个方面,体系庞大、内容繁多,但总体来说,是要在生产和消费过程中实现对资源的合理利用,不过度消耗与浪费资源,注重节能环保,实现生产和消费的可持续。根据 2020 年国家发展改革委和司法部联合印发的《关于加快建立绿色生产和消费法规政策体系的意见》的通知,到 2025 年要"建立绿色生产和消费相关的法规、标准、政策制度框架,在重点领域、重点行业、重点环节全面推行绿色生产和消费方式,提升我国绿色发展水平"。财政政策必须对此给予大力支持,例如,利用税收、财政投资、发展基金、政府采购、财政补贴等多种财政工具,促使企业加大环境治理投入、减少污染排放,支持新能源开发和利用,支持绿色农业发展等;鼓励消费者购置节能型家电产品、节能或新能源汽车、节水器具;推行城乡居民生活垃圾分类,推行绿色生活方式;积极推行绿色产品政府采购制度;等等。

三、绿色发展理念下的环境财政政策工具及政策选择

我们从环境财政收入和支出两个维度分析可以采用的环境财政政策工具。环境财政收入端,主要工作是构建生态保护税收体系,形成以环保税、资源税为核心,辅之以消费税、增值税、城镇土地使用税等的生态环保

财税法律体系,并根据不同情况或特定的情形给予税收优惠,体现国家的调控和引导作用。环境财政支出端,主要工作是使用生态环保资金,包括安排资金的投入规模、结构、方式和评估绩效等方面。2020年,中共中央办公厅、国务院办公厅印发《关于构建现代环境治理体系的指导意见》,要求"建立健全常态化、稳定的中央和地方环境治理财政资金投入机制"。

基于环境治理目的,政府实施税收鼓励或间接的财政援助,鼓励节能减排,引导绿色消费,助力可持续发展,不仅需要环境财政政策工具的搭配和协调,还需要其他财政政策和产业政策的配合、精准组合以及有效联动。

（一）环境财政拨款

环境财政拨款实际上是政府用于环境保护事业的各项支出或者投入,目的在于实现政府在生态环境保护方面的职能,包括维持政府生态环境保护部门的运转费用、各项生态环保事业的专项支出等。环境财政拨款对象不仅限于环保部门,可能还包括其他政府部门或者私营部门,用于这些部门的生态环境保护投入。

鉴于前期采用粗放型经济发展方式,造成了严重的环境污染问题,我国政府及时调整政策,实施可持续发展战略,增加生态环境保护支出,以修复生态。我国用于环境保护支出的规模不断扩大（见表2.3）,2010年至2019年国家财政环境保护支出从2 441.98亿元增加到7 390.20亿元,财政环境保护支出[①]占财政支出的比重从2.72%增加到3.09%。2016年至2020年节能环保支出合计达到30 356亿元。环境保护资金支出重点投向了大气污染防治、工业企业结构调整、节能减排、水污染防治、土壤污染防治、农村环境整治等国家重点支持的领域。环境财政支出的形式包括专项资金支持、财政补贴、一般转移支付、专项转移支付、绿色政府采购等。例如,2018年中央财政对每个秸秆项目补贴1 000万元～2 000万元[②];为"调整完善推广应用补贴政策,完善新能源汽车补贴标准",2019年发布的

---

① 环境保护支出是节能环保支出。环境保护管理事务支出是指各级政府环境部门履行其职责,从事环境保护的管理活动,执行各项环境保护事务所形成的支出。在政府收支分类科目中,节能环保支出属于211类。

② 董战峰等.环境经济政策年度报告2018[J].环境经济,2019(7):14.

《关于调整优化节能产品、环境标志产品政府采购执行机制的通知》要求，"对于已列入品目清单的产品类别,采购人可在采购需求中提出更高的节约资源和环境保护的要求,对符合条件的获证产品给予优先待遇"。为提高环境财政资金的使用效益,对环保资金实施全面绩效管理,并接受财政部门的内部监督和外部监督。

表2.3 全国财政环境环保支出情况

年度	财政支出(亿元)	财政环境保护支出(亿元)	财政环保支出占比
2010	89 874.16	2 441.98	2.72%
2011	109 247.79	2 640.98	2.42%
2012	125 952.97	2 963.46	2.35%
2013	140 212.10	3 435.15	2.45%
2014	151 785.56	3 815.60	2.51%
2015	175 877.77	4 802.89	2.73%
2016	187 755.21	4 734.84	2.52%
2017	203 085.49	5 617.33	2.77%
2018	220 904.13	6 297.60	2.85%
2019	238 858.37	7 390.20	3.09%
2020	245 588.00	6 317.00	2.57%

资料来源:2020年之前的数据来自国家统计局,2020年的数据来自财政部网站。

表2.4 全国财政环境保护支出结构

单位:亿元

支出类别	2016年	2017年	2018年	2019年
环境保护管理事务	251.01	320.93	355.81	453.98
环境监测与监察	63.31	71.79	94.77	98.15
污染防治	1 447.55	1 883.02	2 441.29	2 629.62
自然生态保护	326.54	537.10	616.60	798.90
天然林保护	274.09	273.65	282.70	295.08
退耕还林	276.04	251.95	240.11	185.03
风沙荒漠治理	43.45	45.25	17.28	11.38

(续表)

支出类别	2016年	2017年	2018年	2019年
退牧还草	23.99	20.88	18.63	16.85
已垦草原退耕还草	4.26	3.97	3.92	3.91
能源节约利用	622.65	668.28	645.64	677.79
污染减排	315.28	306.52	309.47	460.71
可再生能源	86.12	52.99	56.73	78.95
循环经济	61.62	67.33	59.85	53.95
能源管理事务	151.44	233.58	259.90	241.38
其他节能环保支出	787.49	880.10	894.90	1 384.52
合计	4 734.84	5 617.34	6 297.60	7 390.20

资料来源:根据历年《中国财政年鉴》的决算数据整理。

从全国财政环境保护支出的结构(见表2.4)来看,污染防治、自然生态保护、天然林保护、退耕还林、退牧还草、能源节约利用、污染减排和可再生能源是财政支持的重点,在大部分环境保护项目上的支出有不同程度的增加。例如,用于污染防治的支出从2016年的1 447.55亿元增加到2019年的2 629.62亿元,增长了82%;用于自然生态保护的支出从2016年的326.54亿元增加到2019年的798.90亿元,增长了145%;用于污染减排的支出从2016年的315.28亿元增加到2019年的460.71亿元,增长了46%;用于环境保护管理事务的支出从2016年的251.01亿元增加到2019年453.98亿元,增长了80%;其他节能环保支出从2016年的787.49亿元增加到2019年的1 384.52亿元,增长了75%。此外,用于能源节约利用的支出一直在600亿元以上。

从环境财政支出资金总量增加可以看出,国家对环境保护事业的重视程度不断提高,体现了绿色发展战略对国家财政支出结构优化的重要影响。污染防治、自然生态保护、污染减排等环境财政支出结构的内在调整和优化,正是国家实施一系列生态环境保护举措的有力支撑。

(二)环境保护税

环境保护税是指为了实现环境质量改善和资源、能源可持续利用之目的,在污染防治、能源与资源利用、生态建设等领域所征收的直接以保护环境为目标定位的税收的统称。它既包括出于环境保护目的而设置的刺激型税种,又包括为了筹集环境保护资金而开征的收入型税种,还包括为了调节纳税人环境保护行为而征收的调节型税种。[①]

根据《环境保护税法》,环境保护税被定义为对在中华人民共和国领域和中华人民共和国管辖的其他海域,直接向环境排放应税污染物的企事业单位和其他生产经营者征收的一种税。环境保护税的征税对象是《环境保护税法》所附《环境保护税税目税额表》与《应税污染物和当量值表》规定的大气污染物、水污染物、固体废物和噪声。开征环境保护税的目的是保护和改善环境,减少污染物排放,推进生态文明建设。

从排污费到环境保护税的转变,基本上是通过"税费平移"平稳过渡而实现的,全国31个省级行政区(不含台湾地区和2个特别行政区)中,有17个直接平移了原排污费标准。根据现行排污费项目设置税目,以应税污染物排放量和超标准噪声分贝数作为主要计税依据从量征税,按照现行排污费征收标准相应调整环境保护税的税额标准,在纳税人、征收对象、计税依据和计算方法等方面基本沿用旧排污费制度相关规定,税率由各省、自治区、直辖市具体决定,差异比较大。例如,单位大气污染和水污染当量征税标准,吉林、辽宁分别为1.2元和1.4元,河北分别为9.6元和11.2元。

2018年环境保护税收入比2017年排污费收入下降了约68亿元,2019年环境保护税收入总额与2017年排污费收入基本持平。具体到各个省、自治区、直辖市,其中有27个省、自治区、直辖市的环境保护税收入比排污费收入下降,尤其是辽宁、吉林、黑龙江、上海、浙江、安徽和河南等省、直辖市的下降幅度较大。2019年和2020年,全国环境保护税收入总额为221亿元和204亿元,受新冠疫情的影响,2020年全国环境保护税收入比2019年下降了7.7%。相信随着政策的逐步完善,环境保护税收入总额会增加,调控功能也会增强。

(三)税收优惠

税收优惠政策主要指对符合条件的纳税人给予税收税基式或税额式

---

① 李慧玲.环境税费法律制度研究[M].北京:中国法制出版社,2007:30.

的减免税优惠,或是给予纳税人延迟纳税等便利措施。对纳税人而言,税基式减免的优惠力度一般会小于税额式减免;而延迟纳税义务则是在纳税人遇到一些特定情况(如自然灾害)纳税能力暂时出现困难时给予的一种优惠,并不会减少税基或税额。无论哪一种税收优惠,对纳税人而言都是一种激励。环境保护税税收优惠的目的在于促使纳税人切实履行节能减排义务,引导绿色生产和消费。

党的十八大以来,环境保护工作得到空前重视,绿色发展理念正内化为自觉行动,财税体制改革逐渐向绿色化的方向前进。目前,和绿色发展相关的主要税种包括环境保护税、资源税和消费税,在企业所得税、增值税、车辆购置税和车船税的政策中也包含了对污染防治、资源综合利用和环境保护的优惠鼓励政策,并根据需要及时进行调整,以适应经济环境的变化。

环境保护税主要通过税率差异、税收减免等手段实现税收优惠。税率差异是通过适用不同的税率引导企业进行技术改造和创新或使用清洁能源,如采用不同的单位大气污染和水污染当量征税标准。税收减免是对达到或低于排放标准、减少污染物排放量及浓度、进行废物综合利用的企业,给予少纳税甚至暂免征收环境保护税的优惠。例如,低于排放标准30%和50%的纳税义务人,可享受减按75%和50%征收的优惠;对于按照国家和地方环境保护标准综合利用固体废物的纳税人,可给予免征环境保护税的优惠。又如,机动车、非道路移动机械、船舶和航空器等流动污染源排放应税污染物,依法设立的城乡污水集中处理场所、生活垃圾集中处理场所排放相应应税污染物,不超过国家和地方规定的排放标准的,免征环境保护税,等等。

增值税在促进绿色发展方面的作用大体可以归纳为鼓励资源综合利用、清洁能源使用和废旧物资再利用。例如,对以废纸、农作物秸秆制成的纸浆、秸秆浆和纸实行增值税即征即退50%;对由废旧电池及其拆解物分解出的金属及镍钴锰氢氧化物实行增值税即征即退30%;对利用餐厨垃圾、农作物秸秆、蔗渣,以及利用这些剩余物资源发酵产生的沼气生产的燃料、电力以及热力实行增值税即征即退100%。自2015年7月1日开始,对销售利用风力自产的电力产品,可以给予增值税即征即退50%的优惠政策;对以建(构)筑废物、煤矸石为原材料制成的建筑砂石骨料,符合技术要求的,实行增值税即征即退50%;对原材料中有30%以上来自废旧沥青的再生沥青混凝土,实行增值税退税50%;对用废弃酒糟和淀粉、粉丝加工废液、废渣制作的活性炭、乳酸、乳酸钙、饲料、植物蛋白等,实行增值税退税70%。

消费税、资源税、车辆购置税、车船税也有促进绿色发展的税收优惠。例如,自2011年10月1日起,国家对自产石脑油、燃料油用于生产乙烯、芳烃类化工产品的生产企业,按实际耗用数量暂免征收消费税;对开采原油以及在油田范围内运输原油过程中用于加热的原油、天然气,对煤炭开采企业因安全生产需要抽采的煤成(层)气,免征资源税;对从低丰度油气田开采的原油、天然气,减征20%资源税;对高含硫天然气、三次采油和从深水油气田开采的原油、天然气,减征30%资源税;对稠油、高凝油减征40%资源税;对设有固定装置的非运输专用作业车辆、城市公交企业购置的公共汽电车免征车辆购置税;等等。

四、绿色发展理念下的环境财政政策实施效果分析

绿色发展理念下的环境财政政策的实施至少产生了三个效果。

(1) 增加了政府收入,为治理环境提供了资金。但是,从现有税种看,环境保护税收入的规模并不大,2019年只有221亿元,与之前年度的排污费收入规模相比并没有明显增加;资源税、消费税等具有环境保护性质的税种中,除了消费税之外,其他税种的收入规模都不大。现有环境财政收入的规模难以支撑环境保护资金需求,现有环境保护税收体系亟待完善。

(2) 减少了污染,环境质量得到改善。据统计,2019年,全国337个地级及以上城市中,157个城市环境空气质量达标,平均优良天数比例为82.0%,京津冀及周边地区"2+26"城市优良天数比例平均为53.1%,长三角地区41个城市优良天数比例平均为76.5%;酸雨区面积占国土面积的5%,比2018年下降0.5个百分点;全国1931个地表水监测水质断面中,Ⅰ~Ⅲ类水质断面占74.9%,比2018年上升3.9个百分点;在长江、黄河、珠江、松花江、淮河、海河、辽河七大流域和浙闽片河流、西北诸河、西南诸河监测的1610个水质断面中,Ⅰ~Ⅲ类水质断面占79.1%,比

2018年上升4.8个百分点;监测的336个地级及以上城市的902个在用集中式生活饮用水水源断面中,830个全年均达标,占92.0%;一类水质海域面积占管辖海域面积的97.0%,比2018年上升0.7个百分点;全国生态环境状况指数值为51.3,生态质量优和良的县域面积占国土面积的44.7%。①

(3) 加大了污染企业的经营成本,促使企业增加环保投入,进行技术创新和绿色生产,治污投入增加,减排效果明显。环保部门对违反环保政策的企业进行严惩已成常态,仅2018年上半年全国实施查封、扣押及限产、停产案件共1.38万件,同比增长20.71%。在环保政策严格管控下,企业也纷纷加大治污力度。2018年,全国废气治理设施共368 999套,比2017年增加6.9%,平均脱硫、脱硝和除尘效率分别为95.3%、79.1%和99.5%;废水治理设施共72 952套,比2017年增加3.7%,废水治理设施处理能力达22 370万吨/日。截至2019年年底,全国城市污水处理厂累计处理污水量达532亿立方米,城市生活垃圾无害化处理率达99.2%。2019年能源消费总量达48.6亿吨标准煤,比2018年增长3.3%,万元国内生产总值能耗比2018年下降2.6%。

---

① 中华人民共和国生态环境部. 2019年中国生态环境状况公报[R/OL]. (2020-06-02) [2020-06-02]. http://www.mee.gov.cn/hjzl/sthjzk/zghjzkgb/202006/P020200602509464172096.pdf.

第三章　我国环境财政收入及相关制度

生态保护与环境治理要求有相对平稳的环境财政收入支持。环境保护税是我国环境财政收入的重要组成部分,于 2018 年开征。2019 年环境保护税收入为 221 亿元,但是当年的节能环保支出高达 7 444 亿元,收支缺口巨大。这是环境治理问题的历史欠账太多和环境财政收入来源的口径过窄且不够明确所导致的结果。针对当前环境财政面临的巨大压力,可以从两方面来着手应对。一方面,依法依规发行地方政府环境专项债券,弥补生态保护和环境治理资金缺口。2014 年修订的《中华人民共和国预算法》、2014 年发布的《国务院关于加强地方政府性债务管理的意见》以及 2015 年以来财政部发布的关于地方政府债券的相关系列文件,为地方政府环境专项债券的发行提供了依据。另一方面,环境财政资金的筹集需要坚持"污染者付费"原则,由污染者承担污染治理成本。在这个意义上,设立环境保护基金更为契合实践需要。

第一节　环境税收及相关制度

一、环境保护税概述

(一) 环境保护税的概念

环境是人们赖以生存的基础,人与自然协调发展,是人们实现美好生活的重要方面。作为保护和改善环境的政策工具,环境保护税被许多国家所采用。

福利经济学家庇古最早开始系统地研究环境与税收问题,1920 年就提出了用征税方式治理环境污染产生的负外部性。庇古认为,经济主体私人成本和社会成本的不一致,或私人收益和社会收益的不一致导致的外部性,靠市场本身是无法解决的,只能由政府通过征税或者补贴来矫正经济当事人的行为。

对于环境保护税的定义,国内外学术界并没有给出统一的表述。荷兰国际财税文献局认为,环境保护税是对纳税人投资于防止污染或保护环境的资产所给予的税收减免,或对污染行业或使用污染物行为征收的税;欧盟统计局认为,环境保护税是针对某种在被使用或释放时会对环境造成特定负面影响物质的单位使用(或释放)量所征收的税收;经济合作与发展组织认为,环境保护税是对造成环境损害的污染物或行为征收的税种。国内学者王金南将环境保护税定义为,国家依靠政府管理权力对所有的开发和利用环境资源的单位和个人,依据其开发利用自然资源规模和环境污染程度来征收的税种①;计金标将环境保护税定义为,以环境保护为目的,针对污染和生态破坏等行为课征的征收范围相对较广的独立税②。

一般意义上,环境保护税是指为了实现环境质量改善和资源、能源可持续利用,在污染防治、能源与资源利用、生态建设等领域所征收的直接以保护环境为目标的税收的统称,是一个由多个税种构成的体系,不仅包括直接对污染物和形成污染的产品及行为征税,还包括对资源的开采和使用征税。

我国《环境保护税法》将环境保护税定义为,对在中华人民共和国领域和中华人民共和国管辖的其他海域,直接向环境排放应税污染物的企事业单位和其他生产经营者征收的一种税。

实践中,一些国家开征环境保护税的时间早于我国。例如,荷兰的燃料税、噪音税、水污染税,法国的森林砍伐税,德国的矿物油税和汽车税,奥地利的标油消费税,部分经济合作与发展组织成员国的水污染税、空气污染税、垃圾税、二氧化碳税、噪音税、养狗税和农药化肥税等。这些税种

---

① 王金南.环境税收政策及其实施战略[M].北京:中国环境科学出版社,2006:31.
② 计金标.我国环境税税制模式及其立法要素设计[J].税务研究.2010(01):36.

的开征,使得生态环境得以改善,取得了显著的社会效益和经济效益。

与发达国家相比,我国环境财政收入经历了从征收"排污费"到"环境保护税"的转变,经历了由政府到市场,再到政府与市场相结合的"二重回归"的演变过程。①

我国环境费(以费代税)的征收制度始于1979年②。1982年国务院发布《征收排污费暂行办法》,到1983年排污费法律法规制度体系基本建立。1984年工商税制改革,开征资源税、城市维护建设税、土地使用税和车船使用税等与生态环境保护相关的税种。1994年"分税制"改革,在新开征的特别消费税中,许多税目都与生态环境保护直接相关。1997年新排污费制度的设计和标准的制定完成。2000年《中华人民共和国大气污染防治法》修订实施,确定了"按排放污染物的种类和数量征收排污费"的总量收费制度。2000年车辆购置税取代车辆购置附加费。2011年"十二五"规划纲要中提出要开征环境保护税。2013年十八届三中全会决定推动环境保护费改税。2014年两次提高成品油消费税。2016年资源税扩围并改革计价方式。2016年全国人大常委会通过了《中华人民共和国环境保护税法》③,并于2018年开始征收环境保护税,实现了由费到税的转变。

(二) 环境保护税的立法目的

《环境保护税法》在总则第一条就明确了"为了保护和改善环境,减少污染物排放,推进生态文明建设"的立法目的。

环境是人类生存的基础,人们从事经济活动所需要的原材料无不来自大气、水、土壤、地质、矿藏等自然环境,在进行经济活动的同时有可能会破坏原有的环境状态,带来严重后果。生态环境的恶化正成为制约我

---

① 卢洪友,潘星宇.建国以来生态环境财政理论及制度变迁[J].地方财政研究,2019(10):24.
② 1979年9月,第五届全国人大常委会第十一次会议颁布的《中华人民共和国环境保护法(试行)》从法律上确立了中国的排污费制度,第十八条中明确规定"超过国家规定的标准排放污染物,要按照排放污染物的数量和浓度,根据规定收取排污费"。
③ 2016年8月29日至9月3日,第十二届全国人大常委会第二十二次会议对《中华人民共和国环境保护税法(草案)》进行了初次审议。2016年12月25日,《中华人民共和国环境保护税法》在第十二届全国人大常委会第二十五次会议上获表决通过,并于2018年1月1日起施行。2018年10月26日第十三届全国人大常委会第六次会议审议通过《中华人民共和国环境保护税法》修正案。

国经济高质量发展的重要因素。因此,我国开征环境保护税,并逐步扩大征收范围,对保护和改善环境可起到积极的作用。

高污染高能耗企业的盲目扩张,会造成资源浪费、环境污染,降低宏观经济效益和生态效益。环境保护税是为了达到特定的环境目标而引入的税收,是一种以"消灭自己"为目标的税——环境改善伴随着环境保护税收入累退。环境保护税为广大经济主体提供了绿色发展的约束及激励机制,对环境的使用者开发、利用环境行为进行有效的调节,"引导、鼓励、调控企业与个人放弃或收敛破坏环境的生产活动或消费行为"①,强化"谁污染、谁缴税;少污染、少缴税"的观念,鼓励和倒逼企业改进设备工艺、提高环保投入,促进相关领域的生产技术出现革命性变化,达到环境保护的目标,推进经济效益与生态效益的协同增长,助力中国经济优化升级,实现更高质量的发展。

生态文明建设是关系中华民族永续发展的根本大计,"长江经济带发展战略""雄安新区发展战略"等重大区域发展战略,都把生态环保放在了优先位置。② 排污费、环境绩效考核制度、"碳排放权"交易制度、自然资源产权制度的实施使企业污染指标不断下降,万元国内生产总值的能源消耗量和耗水量也不断减少。但是生态破坏及环境污染形势依然严峻,绿色生产生活方式仍没有完全形成,一些行政手段未能发挥应有的作用,环境经济手段还比较欠缺。《环境保护税法》适应了生态文明的建设需求,用税收手段控制污染物排放,培育市场主体与公众的环保意识,为民众提供了良好的生态环境,提高了人民福祉③,实现了经济与生态的协调发展。

从环境保护税的立法目的看,保护和改善环境是基本目标,减少污染物排放是实现基本目标的重要途径,而推进生态文明建设则是终极目标。

(三)环境保护税的征税对象

征税对象又称课税对象,是税法规定的征税目的物,是据以征税的依

---

① 丛中笑.环境税论略[J].当代法学,2006(06):101.
② 张友国.新时代生态文明建设的新作为[J].红旗文稿,2019(05):22.
③ 计金标.环保税:兼顾企业发展与生态环境可承受能力[EB/OL].(2019-04-03)[2020-04-26].http://www.ctaxnews.com.cn/2019-04/03/content_949891.html.

据,是构成税收实体法诸要素中的基础性要素。每个税种都有特定的征税对象,不同的征税对象是区别不同税种的重要标志,被列为征税对象的,就属于该税种的征收范围。例如,我国个人所得税的征税对象是个人工资、薪金和劳务所得等。

我国环境保护税的征税对象为应税污染物,是《环境保护税法》所附《环境保护税税目税额表》《应税污染物和当量值表》规定的大气污染物、水污染物、固体废物和噪声。

大气污染物是指因人类活动或自然过程排入大气的并对人和环境产生有害影响的那些物质。应税大气污染物包括二氧化硫、氮氧化物、一氧化碳、氯气、氯化氢、氟化物、氧化氢、硫酸雾、铬酸雾、汞及其化合物等。

水污染物是指造成水体水质、水中生物群落以及水体底泥质量恶化的各种有害物质(或能量)。应税水污染物包括总汞、总镉、总铬、六价铬、总砷、总铅、总镍等。

固体废物是指在生产、生活和其他活动中产生的丧失原有利用价值,或者虽未丧失利用价值但被抛弃或者放弃的固态、半固态和置于容器中的气态的物品、物质,以及法律、行政法规规定纳入固体废物管理的物品、物质。应税固体废物包括煤矸石、尾矿、危险废物、冶炼渣、粉煤灰、炉渣、其他固体废物(含半固态、液态废物)等。

噪声是指在工业生产、建筑施工、交通运输和社会生活中所产生的干扰周围生活环境的声音。当环境噪声超过国家规定的环境噪声排放标准,并干扰他人正常生活、工作和学习时,就形成噪声污染。目前我国应税噪声只包括工业噪声。

《环境保护税法》规定,应税大气污染物的税额幅度为每污染当量1.2元至12元,应税水污染物的税额幅度为每污染当量1.4元至14元。具体适用税额由各地人民代表大会常务委员会在法定税额幅度内决定。

(四) 环境保护税的正向减排激励效应

《环境保护税法》的立法目的决定了其对生态环境的正面促进作用,向市场主体传递了加大环保投入、切实履行节能减排与保护生态环境的信号。因此,环境保护税具有鼓励和引导企业节能减排和绿色生产的正向减排激励效应。

1. 激励和引导企业节能减排

《环境保护税法》赋予地方政府在法定范围内调整污染物具体税额的权力——可根据本地实际情况制定标准,对达到或低于排放标准,减少污染物排放量及浓度,或进行废物综合利用的企业,给予少纳税甚至暂免征收环境保护税的优惠,意在激励企业参与环境保护。例如,低于排放标准30%和50%的纳税义务人,可享受减按75%和50%征税的优惠;对于按照国家和地方环境保护标准综合利用固体废物的纳税人,给予免征环境保护税的优惠。①

2. 激励和引导企业绿色生产

《环境保护税法》通过税率变动、税收优惠等方式引导企业进行技术改造和创新,淘汰落后产能,革新生产方式,使用清洁能源。税率由各省、自治区、直辖市具体决定,差异比较大,体现不同激励作用。例如,单位大气污染和水污染当量征税标准,吉林、辽宁分别为1.2元和1.4元,河北分别为9.6元和11.2元。环境保护税有减免税的规定。例如,机动车、非道路移动机械、船舶和航空器等流动污染源排放应税污染物,依法设立的城乡污水集中处理、生活垃圾集中处理场所排放应税污染物,不超过国家和地方规定的排放标准的,可享受税收优惠。税率变动和税收优惠,势必会影响到企业的决策。例如,北京2018年首个季度就有60多户企业由向环境直排污水改为向污水集中处理场所排放。② 2018年包钢股份投资1 907.96万元升级环保设备;重庆市珞璜电厂对发电机组实施超低排放改造,并改进生产工艺,2018年第一季度的二氧化硫、氮氧化物和烟尘的排放量较去年同期分别下降了92.7%、78.6%和81.1%。③

(五)环境保护税征收的社会效益

《环境保护税法》是中国第一部"绿色税制"、推进生态文明建设的单

---

① 毛涛.以环境保护税法推进生态文明建设[EB/OL].(2016-12-29)[2020-04-25]. http://opinion.cctv.com/2016/12/29/ARTILc4PshRbbsJfnOwUA3X6161229.shtml.

② 吴秋余.环保税首个征期结束 正向激励作用初步发挥[EB/OL].(2018-05-11)[2020-04-27]. http://www.chinanews.com.cn/gn/2018/05-11/8511159.shtml.

③ 郭开星."W"火焰燃煤机组超低排放改造完成珞璜电厂超低排放达标率达99.78%[EB/OL].(2019-07-02)[2020-04-27]. http://news.cqjjnet.com/html/2019-07-02/content_50548256.htm.

行税法。环境保护税于2018年1月1日开始取代原来的排污费,由税务部门征收,增强了权威性和执法刚性。环境保护税全部归入地方①,有利于地方政府履行环保职责,增强环境治理能力,落实"绿水青山就是金山银山"的发展理念。

《环境保护税法》的实施至少带来三个好处:一是减少污染;二是加大污染企业的经营成本,促使企业增加环保投入,进行技术创新和绿色生产;三是增加政府收入。其社会效益主要表现在污染减少,空气质量、水质、自然生态质量等明显改善。

空气质量明显改善。2019年,全国337个地级市中,157个城市环境空气质量达标,平均优良天数比例为82.0%,累计发生严重污染452天,比2018年减少183天;PM2.5和SO_2浓度分别为36微克/立方米和11微克/立方米,与2018年相比浓度下降。京津冀及周边地区城市平均优良天数比例为53.1%,长三角地区41个城市平均优良天数比例为76.5%。

酸雨区面积和酸雨发生频率减少。2019年,酸雨区面积占国土面积的5%,比2018年下降0.5个百分点;469个监测降水的城市中,酸雨发生频率平均为10.2%,比2018年下降0.3个百分点。全国降水年均pH范围为4.22(江西吉安市)~8.56(新疆库尔勒市),平均为5.58。

水质持续改善。2019年,全国的1931个地表水监测水质断面点位中,Ⅰ~Ⅲ类水质断面点位占74.9%,比2018年上升3.9个百分点;长江、黄河、珠江、松花江、淮河、海河、辽河七大流域和其他河流的1610个水质断面中,Ⅰ~Ⅲ类水质断面占79.1%,比2018年上升4.8个百分点。开展水质监测的110个重要湖泊(水库)中,Ⅰ~Ⅲ类湖泊(水库)占69.1%,比2018年上升2.4个百分点;监测的336个地级及以上城市的902个在用集中式生活饮用水水源断面点位中,830个全年均达标,占92.0%。一类水质海域面积占管辖海域面积的97.0%,比2018年上升0.7个百分点。②

---

① 国务院.国务院关于环境保护税收入归属问题的通知(国发〔2017〕56号)[EB/OL]. (2017-12-27)[2020-4-20]. http://www.gov.cn/zhengce/content/2017-12/27/content_5250841.htm.
② 中国生态环境部.2019年中国生态环境状况公报[R/OL]. (2020-06-02)[2020-06-02]. http://www.mee.gov.cn/hjzl/sthjzk/zghjzkgb/202006/P020200602509464172096.pdf.

治污投入增加，减排明显。2018年，全国废气治理设施共368 999套，比2017年增加6.9%，平均脱硫、脱硝和除尘效率分别为95.3%、79.1%和99.5%；全国废水治理设施共72 952套，比2017年增加3.7%，废水治理设施处理能力达22 370万吨/日。截至2019年年底，全国城市污水处理厂累计处理污水量达532亿立方米，城市生活垃圾无害化处理率达99.2%。2019年能源消费总量达48.6亿吨标准煤，比2018年增长3.3%，万元国内生产总值能耗比2018年下降2.6%。

自然生态质量有所改善。2019年，全国生态环境状况指数（EI）值为51.3，生态质量优和良的县域面积占国土面积的44.7%，主要分布在青藏高原以东、秦岭—淮河以南、东北的大小兴安岭地区和长白山地区。

（六）"税费平移"原则的现实考虑及其局限

2018年1月1日，《环境保护税法》正式开始实施。基于"税费平移"原则，将原"排污费"制度转换为环境保护税制度，实现了"费到税"的转换，减少了制度转换成本。排污费制度是依据污染者付费的原则制定的，是具有一定税收特征的行政事业性收费制度，其主要弊端体现在：规范性差，征收强度不足；权力运行监督机制不完善导致权力滥用，腐败滋生，乱收费现象屡禁不止。可见，排污费的征收制度没能起到有效促进自然资源合理开发利用、降低污染物排放的应有作用。① 与原来的排污费制度相比，《环境保护税法实施条例》细化了征税对象、计税依据、税收减免、征收管理等有关规定，但是环境保护税和排污费在征收对象、范围、计算依据等方面还是有很多相似之处（见表3.1）。"费改税"后，环境保护税的征收由环保部门和税务部门合作完成，其中，环保部门负责依法对污染物进行监测，税务机关负责依法征收管理，两个部门建立涉税信息共享平台和机制，定期交换相关纳税资料，保证环境保护税的足额征收。

环保税改革采用渐进式改革模式，通过"税费平移"实现"费改税"的平稳过渡。全国31个省（自治区、直辖市）中，有17个省（自治区、直辖市）直接平移了原排污费标准，根据原排污费项目设置税目，以应税污染物排放量和噪声超标分贝数作为主要计税依据从量征税，按照原排污费

---

① 黄新华.环境保护税的立法目的[J].税务研究，2014(07)：75.

征收标准相应调整环境保护税的税额标准,在纳税人、征收对象、计税依据和计算方法等方面基本沿用原排污费制度相关规定,并给予地方对税率的选择权。这一设计是现实选择的结果:一是作为征税对象的污染物很难准确检测,所需技术的专业化程度较高;二是税收征管难度较大,征管机制尚未完全成熟,核实企业自行申报数据的真实性,需要环保等诸多部门的合作,需要一套完善的征管措施予以辅助;三是平稳过渡可以给经济主体一个适当的缓冲期,促使其尽快改进技术,实现绿色生产,同时也为未来扩大征税范围和提高税率提供了空间。

表 3.1　　　　　　　　　　环境保护税和排污费比较

	环境保护税	排污费
征收对象	在中华人民共和国领域和管辖的其他海域,直接向环境排放应税污染物的企业事业单位和其他生产经营者征收	直接向环境排放污染物的单位和个体工商户征收
征收范围	大气污染物(44种) 水污染物(一类10种、二类61种) 固体废物(4种) 噪声(超标噪声)	大气污染物(44种) 水污染物(65种) 固体废物(1种) 噪声(超标噪声)
计算依据	以排放量折合的污染当量数	以排放量折合的污染当量数
收入归属	地方	中央和地方按1∶9分成
征收管理	企业申报、税务征管、环保监测	环保开票、银行代收、财政统管

资料来源:根据相关资料整理。

不过值得注意的是,"费改税"的平稳过渡也带来一些问题。

(1)污染物当量标准和征税范围有待完善。现行应税污染物与当量值规定的标准形成于20世纪90年代中期,一些对环境和人体危害较大的污染物尚未列入《应税污染物和当量值表》。例如,印刷厂排放的非甲烷总烃,生活垃圾处理厂排放的二噁英等[1],挥发性有机化合物VOCs[2]未整体纳入征税范围,因此出现了部分排污企业在排污费改成环境保护税后负担大幅度下降的不合理现象;现行对污水处理厂的直接免税政策不

---

[1] 高萍.环境保护税实施情况分析及完善建议[J].税务研究,2019(01):21.
[2] VOCs,即特定条件下具有挥发性的有机化合物的统称。

利于激励相关利益主体在排放达标的基础上进一步降低污染指数,不利于实现保护环境以及激励环保技术创新、促进环保产业发展的目的。

(2) 征管效率有待提高。环境保护税的作用能否发挥依赖于征管力度。征管过程中存在多个利益主体,如排污者、税务部门、环保部门、第三方监测机构等。按照现行的征管方式,企业自行申报纳税后,征管部门很难及时判断其申报的真实性。税务部门,前端直接面对纳税人,后端需要环保部门的配合。若企业不按污染当量数正确排序,不如实申报纳税,环保部门是否能及时复核,税务部门也难以掌控。社会基本信用的缺失,部门之间的低效合作,都会影响环境保护税的征管效率。

二、与环境保护有关的其他税种

(一) 消费税

消费税是对我国境内从事生产、委托加工和进口应税消费品的单位和个人,就其销售额或销售数量,在特定环节征收的一种税。其征税对象或是对身体、环境有害的特殊消费品,或是非生活必需品,或是特殊资源性消费品,或是高耗能及高档消费品。消费税具有征税范围选择性、征税环节单一性、征税方法多样性等特征。

表 3.2 消费税税目

序号	税目	序号	税目
1	烟	9	高尔夫球及球具
2	酒	10	高档手表
3	高档化妆品	11	游艇
4	贵重首饰及珠宝玉石	12	木制一次性筷子
5	鞭炮、焰火	13	实木地板
6	成品油	14	电池
7	摩托车	15	涂料
8	小汽车		

资料来源:2021 年全国税务师职业资格考试教材《税法(Ⅰ)》。

现有消费税设有税目 15 个(见表 3.2),其中成品油、摩托车、小汽车、实木地板、电池和涂料等与环境保护有关,体现了消费税具有一定的保护环境的作用。对这些产品征收消费税,可以引导消费者合理消费,减少对资源的耗费,增强公众的环境保护意识。

对木制一次性筷子和实木地板征税,原因在于它们会直接消耗森林资源,而森林资源具有不可再生或者是极难再生的特性,征税目的是要从源头控制,改变人们的消费习惯,减少对木材的消耗,间接提高森林覆盖率,改善生态环境。

成品油税目包括汽油、柴油、石脑油、溶剂油、润滑油、燃料油以及航空煤油共计7类子税目。这些能源类产品,具有不可再生、高污染和高需求的特性。对这些产品征收消费税,能有效抑制其消费需求,进而促进新能源的开发,调整能源使用结构。

摩托车和小汽车这两个税目包括轻便摩托车、摩托车、小汽车、中轻型商用客车、超豪华小汽车等子税目。这些产品需要消耗能源类产品,与成品油类税目有密切关系。根据使用规模及排放量细分税率,目的主要在于抑制相关产品的消费需求,间接抑制能源消耗,减少尾气污染物排放,缓解环境承载压力,保护环境。

电池税目包括原电池、蓄电池、燃料电池、太阳能电池和其他电池。电池是一种将化学能、光能等直接转换为电能的装置,其生产和消费也会对环境产生危害。

涂料成分复杂,污染物含量高,大都含有苯及苯的衍生物,苯属于挥发性有机化合物,长期接触会被人体吸收,进而影响健康。对这类产品征收消费税,有保护生态环境的作用。

(二) 资源税

我国资源税是以部分自然资源为征税对象,对在我国境内开采应税矿产品及生产盐的单位和个人,就其应税产品销售额或销售数量和自用数量为计税依据而征收的一种税。资源包括矿产、土地、水、海洋资源等,对其中一部分资源征收资源税,体现国家对资源产品的特定调控意图。

《中华人民共和国资源税法》已于2019年8月26日由第十三届全国人民代表大会常务委员会第十二次会议通过,并于2020年9月1日起实施。现行资源税征税范围包括矿产品、盐和水资源三大类。具体税目包括:能源矿产、金属矿产、非金属矿产、水气矿产和盐(见表3.3)。

表 3.3　　　　　　　　资源税部分税目和税率

税目			征税对象	税率
能源矿产	原油		原矿	6%
	天然气、页岩气、天然气水合物		原矿	6%
	煤		原矿或选矿	2%～10%
	煤成(层)气		原矿	1%～2%
	铀、钍		原矿	4%
	油页岩、油砂、天然沥青、石煤		原矿或选矿	1%～4%
	地热		原矿	1%～20%或1～30元/米³
金属矿产	黑色金属	铁、锰、铬、钒、钛	原矿或选矿	1%～9%
	有色金属	铜、铅、锌、锡、镍、锑、镁、钴、铋、汞	原矿或选矿	2%～9%
		铝土矿	原矿或选矿	2%～9%
		钨	选矿	6.5%
		钼	选矿	8%
		金、银	原矿或选矿	2%～6%
		……	……	……
非金属矿产	矿物类	高岭土	原矿或选矿	1%～6%
		石灰岩	原矿或选矿	1%～6%或1～10元/吨(米³)
		……	……	……
	岩石类	大理岩、花岗岩等	原矿或选矿	1%～10%
		砂石	原矿或选矿	1%～5%或0.1～5元/吨(米³)
	宝玉石类	宝石、玉石等	原矿或选矿	4%～20%
水气矿产	二氧化碳气、硫化氢气、氦气、氩气		原矿	2%～5%
	矿泉水		原矿	1%～20%或1～30元/米³
盐	钠盐、钾盐、镁盐、锂盐		选矿	3%～15%
	天然卤水		原矿	3%～15%或1～10元/吨(米³)
	海盐			2%～5%

资料来源：《中华人民共和国资源税法》。

资源税按照"普遍征收、级差调节"的原则,选定特定的资源为征税对象,用从价或从量计征的方式进行征收,通过设置不同税率,合理调节资源级差收入,促使开采者合理开发资源,提高各经济主体的资源使用效率,保护环境。

资源税由税务部门依法征收,税务部门应当与自然资源的相关管理部门建立工作配合机制,加强资源税征收管理。纳税人按月或者按季向应税产品开采地或者生产地的税务部门申报缴纳资源税;不能按固定期限计算缴纳的,可以按次申报缴纳。

(三)车船税

车船税是对在中华人民共和国境内属于《中华人民共和国车船税法》中《车船税税目税额表》所规定的车辆、船舶的所有人或者管理人征收的一种税。开征车船税,可以增加地方财源,促使纳税人加强对已有车船的管理,合理使用车船,提高车船的利用效率,减少污染气体排放,调节财富分配,体现社会公平。

1951年9月,中央人民政府政务院颁布《车船使用牌照税暂行条例》,在全国部分地区开征车船使用牌照税。1973年,为了简化税制、合并税种,国家把对国有企业和集体企业征收的车船使用牌照税并入工商税。从那时起,车船使用牌照税只对不缴纳工商税的单位、个人和外侨征收。1986年9月,国务院发布了适用内资企业和个人车船的《中华人民共和国车船使用税暂行条例》,并从1986年10月1日起在全国实施。2006年12月29日,国务院颁布《中华人民共和国车船税暂行条例》,对内外资企业和个人的车船实行统一的车船税。2011年2月,第十一届全国人大常委会第十九次会议通过了《中华人民共和国车船税法》(以下简称《车船税法》),同年12月,国务院颁布了《中华人民共和国车船使用税实施条例》,两者均自2012年1月1日起实施。2019年4月,第十三届人大常委会第十次会议修订了《车船税法》。

车船税采用定额幅度税率,即对应税车船规定上下限税额标准,根据排气量、吨位等确定税额。车辆的具体适用税额由各省、自治区、直辖市人民政府依照《车船税税目税额表》(见表3.4)规定的税额幅度和国务院的规定确定。

表 3.4　　　　　　　车船税税目税额表

税目	排量或类型	年基准税额
乘用车 （汽缸容量）	1.0 升（含）以下	60～360 元/辆
	1.0～1.6 升（含）	300～540 元/辆
	1.6～2.0 升（含）	360～660 元/辆
	2.0～2.5 升（含）	660～1 200 元/辆
	2.5～3.0 升（含）	1 200～2 400 元/辆
	3.0～4.0 升（含）	2 400～3 600 元/辆
	4.0 升以上	3 600～5 400 元/辆
商用车	客车	480～1 400 元/辆
	货车	16～120 元/整备质量每吨
挂车		按照货车税额的 50% 计算
其他车辆	专用作业车	16～120 元/整备质量每吨
	轮式专用机械车	16～120 元/整备质量每吨
摩托车		30～180 元/辆
船舶	机动船舶	3～6 元/净吨位每吨
	游艇	600～2 000 元/艇身长度每米

资料来源：《中华人民共和国车船税法》。

《车船税法》及其实施条例所涉及的排气量、整备质量、核定载客人数、净吨位、千瓦、艇身长度，以车船管理部门核发的车船登记证书或者行驶证相应项目所载数据为准。

特定用途的车船，如捕捞、养殖渔船，军队、武装警察部队专用的车船，警用车船，等等，免征车船税。省（自治区、直辖市）人民政府可以对公共交通车船、农村居民拥有并主要在农村地区使用的摩托车、三轮汽车和低速载货汽车定期减征或者免征车船税。

2018 年我国财政部等四部门发布《关于节能新能源车船享受车船税优惠政策的通知》，对节能汽车减免车船税。例如，对获得许可在中国境内销售的排量为 1.6 升以下（含 1.6 升）的燃用汽油、柴油的乘用车以及轻型和重型商用车减半征收车船税，纯电动商用车、插电式（含增程式）混合动力汽车、燃料电池商用车等免征车船税。

第二节 环境债券及相关制度

一、环境债券概述

(一) 环境债券的内涵

1992年,联合国环境与发展大会通过的《里约环境与发展宣言》提倡用采矿许可证、环境保护税、环境债券等多种手段保护环境。通过发行环境债券为环境治理筹集资金的做法早已有之。1997年,美国的纽约市就发行了环境债券,为治理凯司吉尔流域筹集资金。美国的水务公共事业领域,每年建设性投资需求约2 300亿美元,其中有85%来自市政债券投资。① 2019年4月,上海环境集团股份有限公司公开发行可转换公司债券21.7亿元,用于松江建筑垃圾项目、成都宝林垃圾焚烧项目、蒙城垃圾处置项目等6个项目。② 可见,发行环境债券已经成为解决环境保护投入不足问题的有效融资工具。

债券是一种金融契约,是政府、金融机构、工商企业等直接向社会借债筹集资金时,向投资者发行,同时承诺按一定利率支付利息并按约定条件偿还本金的债权债务凭证。③ 根据债券的一般定义和债券用途,环境债券是政府、金融机构、企业等组织和机构发行的,用于环境保护目的,承诺按一定利率支付利息并按约定条件偿还本金的债权债务凭证和有价证券。

根据不同的发行主体,环境债券可以分为三种类型:政府环境债券、金融环境债券和公司环境债券(见表3.5)。

---

① 张劲勋,魏先华.我国环境金融发展探讨[J].金融理论与实践,2013(3):66.
② 上海环境集团股份有限公司.上海环境集团股份有限公司可转换公司债券上市公告书[EB/OL].(2019-07-04)[2020-04-27]. http://www.sse.com.cn/disclosure/listedinfo/announcement/c/2019-07-04/601200_20190704_1.pdf.
③ 吴晓求.证券投资学[M].北京:中国人民大学出版社,2000:23.

表 3.5　　　　　　　　　环境债券类型

发行主体		类别
政府组织	中央政府	国家环境债券(环境国债)
	地方政府	地方政府环境专项债(环境地方债)
金融机构	金融企业	金融环境债券
企业机构	公司	公司环境债券

资料来源：根据相关资料整理。

政府环境债券是以政府为发行主体的环境债券。公司环境债券和金融环境债券，是以公司和金融机构为发行主体的环境债券。

在我国，通常把政府环境债券称为环境债券，而把公司环境债券和金融环境债券称为绿色债券。冯敬尧认为，环境债券是指由国家有关机构发行，其他社会主体予以认购，将所筹集资金用于环保产业开发、环保基础设施建设的债券。① 张劲勋、魏先华认为，环境债券是指政府通过发行市政债券为环境保护设施建设融资的债券。② 熊伟认为，环境债券是指面向社会公众发行的以治理环境为目的的债券，其所筹集的资金专项用于环境治理或生态恢复，可以为政府提供一定稳定的环境资金。③ 根据发行债券的政府层级不同，政府环境债券分成国家环境债券(环境国债)和地方政府环境专项债券(环境地方债)。

根据国家发展和改革委员会于 2015 年发布的《绿色债券发行指引》，绿色债券是募集资金主要用于支持节能减排技术改造、绿色城镇化、能源清洁高效利用、新能源开发利用、循环经济发展、水资源节约和非常规水资源开发利用、污染防治、生态农林业、节能环保产业、低碳产业、生态文明先行示范实验、低碳试点示范等绿色循环低碳发展项目的企业债券。④

(二) 环境债券的特征

环境债券是特殊的债券。债券的本质是债的证明书，体现的是购买

---

① 冯敬尧.环境债券：环境损害救济制度的创新[A].国家环境保护总局武汉大学环境法研究所、福州大学法学院.探索·创新·发展·收获——2001 年环境资源法学国际研讨会论文集(下册)[C].国家环境保护总局武汉大学环境法研究所、福州大学法学院,2001：444.
② 张劲勋,魏先华.我国环境金融发展探讨[J].金融理论与实践,2013(03)：66.
③ 熊伟.环境财政、法制创新与生态文明建设[J].法学论坛,2014(62)：64.
④ 国家发展改革委办公厅.国家发展改革委办公厅关于印发《绿色债券发行指引》的通知[EB/OL].(2015-12-31)[2020-04-27].https://www.ndrc.gov.cn/xxgk/zcfb/tz/201601/t20160108_963561.html.

者与发行者之间的债权债务关系。因为环境债券通常被视为以政府为主体发行的债券,所以有以下特殊性。

(1) 环境债券具有债权人多样性和债务人单一性的特征。国内外的公民、法人和其他组织,以及其他国家或地区的政府以及国际金融组织,都有可能是环境债券的债权人。债务人一般是政府组织。

(2) 环境债券具有风险小的特征。环境债券以国家信用和国家财力作为担保,信用等级最高,安全性最好,债权债务关系容易实现,其风险很小。

(3) 环境债券兼具公法和私法性质。其私法属性主要是债的一般特征,而公法属性体现在两处:一是法律关系的一方主体是国家,双方当事人的地位实际上是不平等的,发行方只能是主权国家的政府,是否发行、发行额度、发行方式、发行的种类、利率、结算方式等,都是由其单方决定的;二是发行比照国债流程,年度发行计划须写入预算报告中,经全国人民代表大会审议通过后方可发行。

(4) 环境债券期限长、利率低。一般而言,环境债券多用于环保项目,往往具有公共性、公益性和期限较长的特征,能够享受财政、税收、专营等政府专项支持政策,因此环境债券的发行利率比普通债券低。从这个意义上说,环境债券是具有指定用途的特别国债。

(5) 环境债券只能用于环境保护。政府发行环境债券获得的资金,只能用于环保用途,需要说明其支持项目的"绿色"属性。

二、地方政府环境专项债券

(一) 地方政府环境专项债券的内涵

地方政府专项债券(简称专项债券)指省级政府为有一定收益的公益性项目发行的、以公益性项目对应的政府性基金收入或专项收入作为还本付息资金来源的政府债券,包括新增专项债券和再融资专项债券等。① 地方政府专项债券现有土地储备、收费公路、轨道交通、棚户区改造、水资

---

① 财政部. 地方政府专项债券项目资金绩效管理办法[EB/OL]. (2022-01-12)[2021-07-01]. http://www.mof.gov.cn/jrttts/t20210702_3729620.htm.

源和教育等多个专项债券品种。例如,2017年广东收费公路专项债券、湖北城轨交通专项债券;2018年天津和河南的棚改专项债券,广东和四川的水资源配置与污水处理专项债券,云南的高校建设专项债券,四川省代发的泸县乡村振兴专项债券。

地方政府环境专项债券,属于地方政府专项债券的一个品种,指的是省、自治区、直辖市人民政府(含经省级人民政府批准自办债券发行的计划单列市政府)发行用于环保项目的地方政府专项债券,筹集的资金主要用于生态修复、水污染治理等环境保护项目。据统计,2019年全国共发行49只环境专项债,合计筹资531.24亿元,其中,广东省(含深圳)环境专项债发行总额高达318亿元。① 截至2020年3月25日,全国已发行的环境专项债总金额合计1189亿元,筹集的资金主要投向污水处理、环境综合治理、生态修复等领域。② 地方政府环境专项债券期限可分为1年、2年、3年、5年、7年和10年等,实际发行时采用的期限集中在3年、5年、7年和10年。地方政府环境专项债券可以在银行间债券市场、交易所债券市场发行和上市交易。

(二) 地方政府环境专项债券的发行主体与代发行

根据《中华人民共和国预算法》的规定,地方政府环境专项债券的发行主体是省级政府,具体工作由省级财政部门负责。经省级人民政府的批准,计划单列市如大连、青岛、宁波、厦门和深圳等也可以单独发行专项债券。这表明地方政府环境专项债券除了有项目自身的信用支持外,还有来自省级人民政府的信用背书。因此,地方政府环境专项债券的收益稳定性高于其他类型债券,同时风险也显著低于一般企业债券。

省级以下政府的环境专项债券由省级政府代为发行。根据规定,市县级政府没有独立发债的权限,确实需要发行专项债券的,一律由省级财政部门代为发行,且发行额度要纳入本省专项债券总额,要实行限额

---

① 华西证券.环保专项债助力污水冲刺考核年,藏桂蒙用电量增速排名前三[R/OL].(2020-02-23)[2020-05-03]. http://pg.jrj.com.cn/acc/Res/CN_RES/INDUS/2020/2/23/dc1ce83c-d851-43a0-9fe5-f78baa6b7f1b.pdf.

② 国信证券.专项债助力基建,生态环境类占比增幅明显[R/OL].(2020-03-25)[2020-05-03]. http://pg.jrj.com.cn/acc/Res/CN_RES/INDUS/2020/3/25/1e294128-92fa-496e-8a1e-0a2a1875ecac.pdf.

管理，并统一办理还本付息。为了提高发债成功率，一般要求地市级以下人民政府建立项目库，并及时报送省级财政部门，以便择优发行债券。因为专项债券对准的是有一定收益的项目，要求做到项目收益与融资的自求平衡，所以，地方政府应当加强与国土资源、交通运输和环境保护等主管部门的沟通和协调，充分论证项目的盈利能力与前景，甄选项目并组成丰富的项目资源库，提高项目资源的科学化水平与可行性程度。

市县级政府申请省级财政部门代发专项债券的，应与省级财政部门签订代发和转贷协议。省级财政部门代市、县级政府发行专项债券所募集的资金，应及时转贷给市县级财政部门。

（三）地方政府环境专项债券总量控制与监督

《中华人民共和国预算法》及其实施条例、《国务院关于加强地方政府性债务管理的意见》（国发〔2014〕43号）、《中共中央办公厅 国务院办公厅关于做好地方政府专项债券发行及项目配套融资工作的通知》《财政部关于印发〈地方政府专项债务预算管理办法〉的通知》（财预〔2016〕155号）、《财政部关于加快地方政府专项债券发行使用有关工作的通知》（财预〔2020〕94号）、《财政部关于印发财政总预算会计制度的通知》（财库〔2015〕192号）、《地方政府专项债券用途调整操作指引》等法律和政策规定，构成了地方政府环境专项债券管理的法规与政策框架。

我国的专项债券采取限额管理，地方财政部门在国务院批准的分地区限额内发行地方政府债券。国务院与财政部根据各地负债状况，分配专项债券的年度增量指标。一般而言，存量债务越少的省份获得的增量指标越多，这是为了防止地方政府债务的无序膨胀。因此，作为专项债券的一种，环境专项债券的发行额度受专项债券的发行限额以及其他专项债券的发行额度的影响较大。

地方政府环境专项债券的收入、支出、还本付息、发行费用纳入预算管理。地方财政部门负责建立及完善相关制度体系并对地方政府的债券资金使用情况予以监管。

地方各级人民代表大会及其常委会、地方财政部门、中国证监会、中国人民银行等都是地方环境专项债券的监督主体。《地方政府债券发行管理办法》的第三十四条规定,财政部各地监管局应当加强对地方政府债券的监督检查,规范地方政府债券的发行、资金使用和偿还等行为。《中华人民共和国预算法》规定,全国人大监督中央和地方预算及决算,县级以上各级地方人大监督本级、下级的预算决算。地方环境专项债券在银行间债券市场和证券交易所的交易,要受到中国人民银行和中国证监会的监管。

政府应该及时向社会公众披露信息,让投资者充分了解债券的内在价值,以帮助其做出正确决策。债券发行时,要披露项目概况、预期收益、分年度融资计划、发行有关安排、风险及应对措施、第三方专业机构出具的财务审计报告、信用评级报告与法律意见书等。专项债券存续期间,要按有关规定及时披露项目进展、资金使用情况、对应政府性基金或专项收入以及可能影响专项债券偿还能力的重大事项等信息。

第三节　环境保护基金及相关制度

一、环境保护基金概述

(一) 环境保护基金的内涵

环境保护基金这一概念在国内没有统一的内涵界定。《市场经济百科全书》认为,环境保护专项基金是由排污收费转化的专门用于补助重点污染源治理的资金,亦称环保补助金。① 黄真认为,环境保护基金是出于环境保护的目的建立起来的,由排污者缴费、政府财政拨款、社会捐助等多个渠道组成的,主要用于防治污染、发展环保科技、促进环境教育等方面,并且具有完善的运作机制的专门资金。② 曾贤刚等认为,公益性生态环境基金是利用自然人、法人或者其他组织捐赠的财产,以从事公益性的生态环境保护事业为目的,由专门的非营利性机构(一般

---

① 陈岱孙.市场经济百科全书(下)[M].北京:中国大百科全书出版社,1998:911.
② 黄真.环境保护基金制度基本法律问题初探[D].北京:中国政法大学,2003:8.

为公益基金会)进行管理的非营利性基金。[①] 李妍辉认为,环境基金是以促进环境要素合理配置,预防和治理环境问题为目的而设立的一定数量的具有收益性功能和增值潜能等特点的资金。[②] 综合这些观点,环境保护基金受学术界共同认可的一些特征如下:一是资金来源多样性,如政府财政转移支付、税收、公众捐赠等;二是目的一致性,都以保护环境为目的;三是主体多样性,包括政府主体、市场主体、非营利性基金会主体等。

环境保护基金根据用途和资金来源分类,大致可以分为环境保护融资基金、环境保护专项基金和环境保护公益基金三种(见表3.6)。[③]

表3.6　　　　　　　　环境保护基金分类

类别	环境保护融资基金	环境保护专项基金	环境保护公益基金
基本特征	主要解决融资问题,对撬动社会资本投入环保起到重要作用	以税收或收费为主要渠道来提供稳定的资金来源,不涉及融资问题	以接受赠款为主要渠道来提供非稳定的资金来源,不涉及融资问题
资金筹集特征	通过市场手段筹集资金,具有激励性质	通过行政手段筹集资金,具有强制性质	凭借个人捐赠意愿筹集资金,具有自愿性质
所处地位	主导地位	主导地位	有益补充
基金举例	美国清洁水州周转基金	美国超级基金	中华环保基金 阿拉善SEE基金
适合项目特征	适合"污染者付费"和"使用者付费"为基础的项目	适合历史遗留环境问题整治、公共空间环境整治等项目	适合资金需求量小、本应由政府出资支持但社会资金愿意捐赠的领域
适合项目类型	企业污染治理、工业园区污染治理、生活污水和垃圾处置等项目	土壤污染修复、地下水污染治理、饮用水水源地保护等项目	宣传教育、培训、交流、能力建设等项目

资料来源:逯元堂,吴舜泽,陈鹏.环境保护基金特征及构建思路研究[J].生态经济,2015(09):192.

环境保护融资基金,是撬动社会资本投入环保的基金,又称为引导基

[①] 曾贤刚,裴斐,陈果.公益环保基金怎样才能不差钱[J].环境经济,2009(08):40.
[②] 李妍辉.论环境治理的金融工具[D].武汉:武汉大学,2012:9.
[③] 逯元堂,吴舜泽,陈鹏.环境保护基金特征及构建思路研究[J].生态经济,2015(09):191-193.

金。该基金设立的主要目的在于引导社会资本进入环保领域,解决企业治理污染和产业发展中的融资问题,促使企业加大环保投入,实现清洁生产。环境保护融资基金的设立主体主要包括政府和市场,以市场手段筹集资金为主,实际上是混合主体型基金。

环境保护专项基金,亦称作财政环保专项基金,是以税收、收费为主要资金来源的基金。该基金设立的主要目的是用财政资金支持历史遗留环境问题整治、公共空间环境整治等项目。此类基金不关注对社会资本的拉动作用,基本上不涉及融资问题。

环境保护公益基金,是指通过公益基金会进行运作的社会性环境保护基金。其资金来源以接受赠款为主,设立的主体一般为非营利性公益基金会。此类基金自身体量较小,一般不用于环保企业、项目的融资,主要用途为宣传教育、培训、交流、能力建设等,具有补充性。

综上所述,环境保护基金是环境财政收入的重要构成部分。本书认为环境保护基金是以环境保护为目的,由排污者缴费、政府财政拨款、社会融资等多渠道资金组成的并具有完善的运作机制的基金,主要用于自然资源保护与管理、防治污染、发展环保科技、促进环境教育等方面的项目。

环境保护基金被众多国家所采用。例如,1980 年美国根据《环境响应、赔偿和责任综合法》,成立联邦信托基金(即环保超级基金),解决"棕色地块"治理资金来源问题。该基金最初规模仅为 16 亿美元,其中税收(来自对生产石油和某些无机化学制品行业征收的专门税)和联邦财政投入资金分别占 86.3% 和 13.7%。到 1996 年,该资金规模扩大到 85 亿美元,资金来源呈现出多元化特征,其中企业附加税、联邦普通税、基金利息和费用承担者追回款项分别占 29.4%、32.4%、3.5% 和 3.5%。[①] 欧盟的环境基金、以色列的国家水网更新基金、德国的联邦环境基金、日本的水源地区对策基金、澳大利亚的环境服务投资基金等也取得了非常明显的效果。我国面临的环境资金紧缺问题更为突出,迫切需要建立环境保护基金制度,为环境保护筹集资金。

---

① 逯元堂,吴舜泽,陈鹏. 环境保护基金特征及构建思路研究[J]. 生态经济,2015(09):192.

(二) 环境保护基金的法律性质

环境保护基金的法律性质涉及三个问题：一是环境保护基金设立目的，即环境保护基金是营利性基金还是非营利性基金；二是环境保护基金的法律地位，即环境保护基金是否具有独立的法律人格；三是环境保护基金的使用目的，即环境保护基金的使用是补助性的、补偿性的还是奖励性的。①

1. 环境保护基金设立的目的

从环境保护基金的资金来源看，有政府财政资金、社会个人资金、社会企业资金、捐赠资金等多种来源，这些资金主体参与环境保护资金的目的各不相同。政府参与的目的：其一是引导社会资金加大投入，政府投入如同一个药引子，吸引社会资金进入环保领域，常见于融资基金；其二是由于环境问题的公共性，一些环保项目没有社会资本愿意进入，需要财政投入，常见于财政专项基金。个人和企业的参与也出于两个目的：其一是为了获得稳定的收益；其二是为了获得社会声誉而进行捐赠，这种捐赠可能是税收激励的结果，也可能是真的想从事环保公益事业。将怀着不同目的的参与者进行组合，就产生了不同的环境保护基金类别。例如，财政专项资金独立成立环境保护基金，就形成了财政环保专项基金，目的是履行财政的职能，修复生态环境。财政资金和营利性社会资金结合，形成了混合型的环境保护基金的资金来源。这里财政资金的参与不以营利为目的，但是营利性的社会资金参与目的就是要获得稳定的利益，因此需要以有盈利点的环境项目为依托，财政资金的作用是引导企业投向环保产业，为企业环境保护投资提供帮助。非营利性的社会资金是公益性的环境保护基金主要资金来源，其目的纯粹是保护环境，如中华环保基金会的环境保护基金。也就是说，营利性基金所反映的主要是个人利益，投资人的目的是获得收益；公益性基金所反映的是公共利益和社会利益，以实现一般安全利益、保护自然资源作为其目标。

2. 环境保护基金的法律地位

环境保护基金的法律地位有两种定位：一是具有独立的法律人格，即

---

① 黄真.环境保护基金制度基本法律问题初探[D].北京：中国政法大学，2003：8.

为法人;二是不具有独立的法律人格,而是一种特殊的财产。作为法人的环境保护基金,是法律赋予权利能力的自然人组织以及设有章程和管理机构的独立财产。① 法人又分为由多个自然人投入财产组织起来的该自然人成员为团体成员的社团法人,以及由捐助财产和管理机构组成的财团法人。② 社团法人为超越设立人意思的社员共同之自律的法人,而财团法人则为永久受设立人意思拘束之他律的法人。③ 据此判断,融资基金具有法人法律人格,其资金来源有政府、社会多种途径组成,其资金由独立机构来管理,各方派出代表行使相应的权利。由财政专项资金支持的环境保护专项基金则是机关法人,其资金来源受财政部门的管理,受相关法律、部门法规的约束。公益性的环境保护基金,其资金来源于社会捐赠,是社会各界人士出于环保目的而自愿出让的部分财产聚集而来,具有财团法人的属性,此类环境保护基金的设立目的是公益性的。

3. 环境保护基金的使用形式

环境保护基金具体使用形式多样,可概括为补助、补偿、奖励。所谓补助,是指直接对环境污染防治活动给予经济上的帮助,这种帮助只是补充性的,活动者本身有责任或义务从事环境保护工作,例如,根据"污染者负担"原则,污染者应当责无旁贷地治理污染,外界对其提供一定的资助旨在帮助其更有效地治理污染。所谓补偿,是对损害赔付或者法院判令要求施害人恢复受害人原状而进行的其他活动,具体是指由于污染环境而给受害人造成的损失,由加害组织或企业提供赔偿基金,或者由国家行政权力部门以征收税收等形式建立补偿基金,向受害人补偿的一项制度。所谓奖励,主要是对为环境保护做出突出贡献、环境保护项目执行效果显著的单位和个人,用以提高环境保护基金的使用效率。

(三)环境保护基金的运行机制

环境保护基金的运行机制主要着眼于资金的来源和使用,本书将重点关注环境保护融资基金和环境保护专项基金。这两类基金都有财政资金的介入,不同的是环境保护融资基金加入了社会资金,需要给投资者一

---

① 黄真. 环境保护基金制度基本法律问题初探[D]. 北京:中国政法大学,2003:9.
② 张俊浩. 民法学原理[M]. 北京:中国政法大学出版社,1997:155.
③ 史尚宽. 民法总论[M]. 北京:中国政法大学出版社,2000:142.

定的回报,因此其投资的项目一般是具有收益性的环境项目;而环境保护专项基金不涉及融资问题,资金来源于财政部门。这两类基金的运行和管理都要遵循国家的相关法律,如《中华人民共和国公司法》《中华人民共和国证券法》《中华人民共和国信托法》和《中华人民共和国预算法》等。

在环境保护融资基金中,政府资金注入的作用主要是引导,以政府信用和发展规划为依托,充分调动社会资金,以"政府+社会合作"的方式、市场化的运作模式,吸引社会资本进入环境保护市场,突破企业融资瓶颈、缓解政府财力不足,提高环保投资效率。该类基金由出资人参与基金管理,根据国家的规划和市场前景筛选投资项目,将资金投入到水污染防治、大气污染防治、土壤污染防治等重点环境保护领域。其资金使用方式有三种:一是向污染治理企业、第三方环境服务企业等提供低息贷款;二是直接投资环境保护项目;三是进行营利性投资,用于买卖国债和其他具有良好流动性的金融工具,实现资金滚动增值发展。环境保护融资基金由基金管理中心、基金管理团队、基金托管银行三者构成管理框架。基金管理中心由环境保护部门和财政部门组建,为非营利、独立性事业单位,其管理可采用公司制管理模式。基金管理团队接受基金管理中心委托,行使资金管理与运用职能。基金托管银行由独立的商业银行担任,接受基金管理中心委托,负责资产收支管理、办理贷款、结算等。①

环境保护专项基金,是由财政和生态环境保护部门共同安排的专项用于污染治理等环境保护事业的资金,主要由排污费、中央财政生态环境保护专项资金和省级其他生态环境保护专项资金构成,属于政府财政专项资金管理范畴,受《中华人民共和国预算法》《财政专项资金管理办法》等财政管理法律法规的约束,专设账户进行管理,单独核算,专款专用。

二、环境保护基金资金来源

(一) 环境保护税与其他税收

无论是环境保护融资基金还是环境保护专项基金,但凡政府作为出

---

① 逯元堂,吴舜泽,陈鹏.环境保护基金特征及构建思路研究[J].生态经济,2015(09):193.

资方,其资金均来源于财政资金。在财政资金中,依据现有的财政收入分类,有税收、非税收入和政府性基金收入、国有资本经营收入以及债务收入。其中税收是政府收入的最主要来源,非税收入的规模越来越小,政府性基金的规模不稳定,债务收入规模受到诸多约束也不稳定,而且债务规模扩大可能引发债务代际传递,加重税收负担,甚至可能会引发一定程度的债务危机。

在环境保护基金中,政府应该发挥重要的作用,充分履行职能,利用好税收这一政策工具,加大对环保的投入。公民纳税的目的在于换取一定的利益,而优美的环境是公民的共同需求。税收本就取之于民,也应该用之于民。因此,税收是环境保护基金最稳定的来源。

从现实税收制度安排看,我国专门为环境保护目的而设置的环境保护税应是环境保护基金的第一来源。具有节能环保功能的税种,比如资源税、消费税、车船税等规模相对较大,可以为环境保护提供资金支持(见表3.7)。

表3.7　　　　　　　　2017—2019年税种收入比较

单位:亿元

税种	2017年	2018年	2019年
环境保护税		151	221
资源税	1 353	1 630	1 822
消费税	10 395	10 632	12 562
车船税	771	992	1 121

资料来源:根据年度财政收支整理,其中2018年和2019年的车船税包含了船舶吨税和烟叶税等。

从环境保护税、资源税、车船税和消费税这些具有节能环保功能的税种中,抽取一定比例的资金投入环境保护融资基金是可行的,由中央财政、各地方财政共同出资,形成中国环保基金的种子基金。当然,作为一般预算收入的一部分,这些税收收入也有很多直接用于环保事业支出,但是抽取一定比例的资金成立环境保护基金能更好地吸引更多的社会资金进入,可以加快环保事业的发展。

(二) 财政专项

作为财政资金的重要的组成部分,财政专项资金也可构成环境保护基金的来源。从资金属性上看,财政专项资金的使用具有专项用途,例如,工业污染防治补助资金,三江三湖、重金属污染防治、监测标准化能力建设等。财政专项资金一般专门指向特定的项目,由各种财政专项资金管理办法进行管理。

环境保护方面的财政专项资金征收项目很多,例如,专项收入里的按照《森林植被恢复费征收使用管理暂行办法》征收的森林植被恢复费;行政事业性收费里面的城镇垃圾处理费、土地复垦费、耕地开垦费、海洋废弃物收费、草原植被恢复费、水土保持费;政府性基金里的按照《可再生能源发展基金征收使用管理暂行办法》征收的可再生能源电源附加,按照《船舶油污损害赔偿基金使用管理办法》征收的船舶油污损害赔偿金收入,按照《废弃电器电子产品处理基金征收使用管理办法》征收的废弃电器电子产品处理基金,以污水处理收入为偿还基金的污水债专项项目收入。这些资金只有被有效地整合,形成统一管理的政府环境保护财政专项基金,才能更好地发挥财政专项资金的效用。

第四章　我国环境财政支出及相关制度

生态保护和环境治理是满足全社会对良好环境共同需要的重要举措,《环境保护法》第八条规定的"各级人民政府应当加大保护和改善环境、防治污染和其他公害的财政投入,提高财政资金的使用效益"是政府环境财政支出的基本法律依据,由此界定各级人民政府环境事权和支出责任。实践中,环境事权划分不清晰,支出责任与承担能力不匹配,是生态保护和环境治理难以有效开展和持续推进的重要原因。2016年发布的《国务院关于推进中央与地方财政事权和支出责任划分改革的指导意见》,基于环境保护和治理工作"受益范围较广、信息相对复杂"的特点,界定中央与地方共担环境事权,并根据"财政事权外溢程度",由中央和地方按比例分担支出责任,或由地方承担支出责任,中央给予地方适当补助。

从生态保护和环境治理的目的看,我国环境财政支出的构成大体包括四部分:用于提升环境管理能力的环境事务管理支出、用于改善环境基本要素的基础预防支出、用于开展污染防治和减排的污染防治减排支出以及用于能源资源综合利用的长远防治支出。

构建有效可行的环境财政支出制度,既是环境财政支出的法治化要求,也是保障生态保护和环境治理资金投入以及提高财政资金使用效益的路径选择。为了使有限的环境财政支出资金发挥应有的效益,客观上需要构建和完善三方面的环境财政支出制度:环境预算与绩效评估制度、环境财政支出程序制度、信息公开和公众参与制度。

第一节 环境事权与支出责任

一、环境事权与支出责任的法律依据

（一）各级人民政府职责

《中华人民共和国环境保护法》规定的"各级人民政府应当加大保护和改善环境、防治污染和其他公害的财政投入，提高财政资金的使用效益"是政府环境财政支出的基本法律依据。另外，《中华人民共和国大气污染防治法》《中华人民共和国海洋环境保护法》《中华人民共和国预算法》等法律法规，《国务院关于推进中央与地方财政事权和支出责任划分改革的指导意见》《国务院办公厅关于印发生态环境领域中央与地方财政事权和支出责任划分改革方案的通知》《国务院办公厅关于印发自然资源领域中央与地方财政事权和支出责任划分改革方案的通知》为各级人民政府在环境事权和支出责任的划分上指明了方向。

环境公共物品具有收益外溢、污染程度和成本难以测定的特性。在确定各级人民政府的环境事权与支出责任时，要考虑效率和公平兼顾，强调事权与支出责任匹配。

中央政府承担全国范围受益的环境事权。基于效率和能力的双重考虑，中央政府可以凭借财力、技术等优势，提供全国范围的环境公共物品。例如，全国性跨流域的大江大河的治理、国土整治、大气污染的治理等事务，建立全国统一的环境标准，制定环境保护法规，涉及民生安全的核辐射监督管理，都应该由中央政府承担。

中央和地方政府共同承担区域性受益的环境事权。由于环境公共物品的特殊性，跨区域受益是经常存在的，例如，跨区域环境监测和管理工作，相关重大环境事件的调查和应急工作，长江、黄河、淮河等跨区域的管理。单纯依靠一个地方政府难以管理好，需要受益各方共同承担、多方合作。在合作方式上，或是通过跨区域的管理中心协调区域内各地方管理事宜，或是由地方政府落实工作并由中央财政补贴，或是以上两种方式相结合。例如，对黄河流域水资源的管理，就是由黄河水利委员会这一管理

中心来实现对黄河跨区域的协调管理。

地方政府掌控地方受益范围的环境事权。例如,地方性河流治理、环境改善和日常监测、固体废弃物治理和农村环境整治等,由于受益范围局限在当地,支出责任应由地方政府承担。换一个角度来理解,由基层环保部门来掌控这类环境事权,有利于减少信息不对称带来的效率损失,降低成本。这样既可以充分发挥地方政府的积极性和创造性,提高本地区企业与居民的环保意识,又可以节约中央财政资金,有利于中央政府发挥更大的宏观调控作用。①

环境支出责任有三种形式:一是本级政府支出责任,经费由各级政府承担,如环保人员薪资和污染处理相关设备费用等;二是共同支出责任,经费由中央政府和地方政府共同负担,主要针对跨地区的大型环境公共项目,由受益的地方政府和中央按照比例分担;三是受托支出责任,地方负责项目落实,中央承担经费,中央经费或是提前拨付给地方政府,或是由中央进行转移支付。

(二) 第一责任人

环境保护目标责任制是通过签订责任书的形式,具体落实到地方各级人民政府和有污染的单位对环境质量负责的行政管理制度。它明确了保护环境的主要责任者、责任目标和责任范围,解决了"谁对环境质量负责"的问题,根据规定实行"一把手负总责制"。

2015年发布的《国务院关于落实科学发展观加强环境保护的决定》中指出:"地方人民政府主要领导和有关部门主要负责人是本行政区域和本系统环境保护的第一责任人,政府和部门都要有一位领导分管环保工作,确保认识到位、责任到位、措施到位、投入到位。地方人民政府要定期听取汇报,研究部署环保工作,制定并组织实施环保规划,检查落实情况,及时解决问题,确保实现环境目标。各级人民政府要向同级人大、政协报告或通报环保工作,并接受监督。"各级地方政府是环境保护责任的"第一责任人",具体来说就是省长对本省的环境质量负责,市长对本市的环境质

---

① 张晓伟.环境公共服务供给的地方财政激励研究[D].武汉:中南财经政法大学,2018:31.

量负责。

2020年中共中央办公厅、国务院办公厅印发的《关于构建现代环境治理体系的指导意见》指出:"省级党委和政府对本地区环境治理负总体责任,贯彻执行党中央、国务院各项决策部署,组织落实目标任务、政策措施,加大资金投入。"

(三) 环境保护责任离任审计

环境保护责任离任审计,是指对领导干部整个任职期间所承担的环境保护责任履行情况进行的审查、鉴证和总体评价活动。执行环境保护责任离任审计,可以客观评价领导干部在任期内环境保护责任履行情况,为组织人事部门正确、科学地考核和任用干部提供重要而具体的依据。

2013年召开的党的十八届三中全会上通过的《中共中央关于全面深化改革若干重大问题的决定》提出:"对领导干部实行自然资源资产离任审计,建立生态环境损害责任终身追究制。"2015年5月发布的《中共中央 国务院关于加快推进生态文明建设的意见》提出:"把资源消耗、环境损害、生态效益等指标纳入经济社会发展综合评价体系和政绩考核体系,并对领导干部实行自然资源资产和环境责任离任审计。"2015年9月印发的《中共中央 国务院生态文明体制改革总体方案》明确要求"积极探索领导干部自然资源资产离任审计的目标、内容、方法和评价指标体系",将领导干部自然资源资产离任审计纳入完善生态文明绩效评价考核和责任追究制度。

2017年中央全面深化改革工作领导小组会议审议通过的《领导干部自然资源资产离任审计规定(试行)》指出:"实行领导干部自然资源资产离任审计,要以自然资源资产实物量和生态环境质量状况为基础,重点审计和评价领导干部贯彻中央路线方针政策、遵守法律法规、做出重大决策、完成目标任务、履行监督责任等方面情况,推动领导干部切实履行自然资源资产管理和生态环境保护责任。"2017年11月,中共中央办公厅、国务院办公厅印发了《开展领导干部自然资源资产离任审计试点方案》,标志着生态审计试点工作正式拉开帷幕。

2018年全国生态环境保护大会上,习近平总书记明确指出生态环境保护工作要建立责任追究制度,强调对那些损害生态环境的领导干部,要真追责、敢追责、严追责,做到终身追责,以终身追责倒逼其科学决策,尽心履职。

二、环境共同事权概述

(一)环境共同事权含义

事权是各级政府在从事社会经济活动中掌控的权力,它规定了各级政府承担的事务的性质和范围。财政事权是一级政府应承担的运用财政资金提供基本公共服务的任务和职责,支出责任是政府履行财政事权的支出义务和保障。[①] 按照体现基本公共服务受益范围、兼顾政府职能和行政效率、实现权责利相统一、激励地方政府主动作为、支出责任与财政事权相适应等原则,政府间事权划分为中央财政事权、地方财政事权和中央与地方共同财政事权,对应的支出责任分别由中央承担、地方承担和中央与地方共同承担。

根据共同财政事权的含义,可以推导出环境共同事权的含义。环境共同事权是中央和地方政府应共同承担的运用财政资金提供环境公共服务的任务和职责,其支出责任是政府履行财政事权的支出义务和保障,由中央和地方共同承担。例如,放射性污染防治,影响较大的重点区域大气污染防治,长江、黄河等重点流域以及重点海域、影响较大的重点区域水污染防治等事项,确认为中央与地方共同财政事权,由中央与地方共同承担支出责任。

(二)事权和支出责任划分原则

1. 受益范围原则

受益范围原则就是根据公共物品的受益范围,划分各级政府的事权和支出责任。一般而言,全国性受益的环境公共物品和事项,以及跨区域事项,由中央政府负责;受益范围限于特定区域的,事权的支出责任由地方政府承担;其他兼有全国性和地方性环境公共物品特征的事项,由中央和地方政府共同承担。

---

① 国务院.国务院关于推进中央与地方财政事权和支出责任划分改革的指导意见[EB/OL].(2016-08-24)[2020-05-25]. http://www.gov.cn/zhengce/content/2016-08/24/content_5101963.htm.

2. 信息复杂程度原则

环境信息存在一定程度的信息不对称,拥有相对信息优势方应该承担更多的事权。例如,对某一企业的污水排放问题,基层政府因具有信息优势应该承担事权;而全国性环境监测网点则应由中央政府承担责任。

各级政府间的事权分配要以法律的形式固定下来,不得滥用行政权力随意变更;要增加支出的预见性,并保障各级政府能独立地行使职权。

(三) 环境共同事权与支出责任划分

从支出预算管理的角度,环境事权可分为环保管理事务、环境监测与监察、污染防治等十类事权。环境共同事权包括环境规划、政策、标准制定,环境影响评价,污染物总量控制,排污许可证管理,清洁生产,生态补偿,环境宣传教育,环境信息发布,生态保护,生态环境监测,跨区域和流域环境保护等。

实践中,事权在不断调整,2008年后国家强化了中央政府部门在统筹协调、宏观调控、监督执法和公共服务方面的环境事权,适度收回了生态环境质量监测事权,下放了部分建设项目环评审批权限,重点污染源监督性监测和监管重心下移。当前,中央和地方政府环境事权划分现状见表4.1。

表 4.1　　我国中央和地方环境事权划分现状

事权领域	承担级次		
	中央政府	地方政府	
		省级	市县
环保管理事务	环保宣传;统一制定环境政策、规划及标准;环境国际合作及履约;建设项目环评资质审查;审查放射性固体废物贮存许可证	环保宣传;制定省域环保规划;省级可制定(严于国家的)环境质量标准;除医疗废物、危险废物之外的废物经营许可	环保宣传;制定县域环保规划;废弃电器电子产品处理资格、医疗废物集中处置、危险废物收集经营许可
环境监测与监察	中央本级和国家环境监测监察网络能力建设及运行保障	省级环境监测监察网络能力建设及运行保障;统一管理省级以下的环境监察	重点污染源监督性监测和监管

(续表)

事权领域	承担级次		
	中央政府	地方政府	
		省级	市县
污染防治	统一进行污染治理监督管理；国控重点污染源监管运行保障；建立核与放射性污染监测制度	制定本省的污染防治规划；支持地方水源区保护、生态建设等；空气、水和土壤的监测	制定本区域的污染防治规划；提供安全饮水保障、城乡污水、地下水和垃圾等公益性极强的环境基础设施建设、监管服务等；对噪声、酸雨、辐射等的监测
自然生态保护（含天然林保护和退耕还林）	部分国家级自然保护区的管理；组织、协调、指导、监督生态保护相关工作	管理部分国家级和全部省级自然保护区；与中央政府共同负责区域生态保护相关工作	农业面源污染防治；水土保持、水源生态涵养；生态保护工程项目建设和相关工作的组织实施
风沙荒漠治理	京津风沙源治理工程建设的审批、技术指导、检查和监督	复查，主持竣工验收	编制规划和工程的作业设计；对项目建设的全过程负总责；自查并接受上级行政管理部门的复查
退牧还草	规划；项目指导与监督管理、验收	省级人民政府对退牧还草工程负总责	项目具体实施
能源节约利用	政策、规划、监督管理	就工业、建筑、交通运输节能以及节能技术进步等制定政策，并监督实施	落实政策，实施项目
污染减排	重大环境污染纠纷的处理、协调和监督检查；环境执法后的督查督办工作；绩效考评	对本辖区内污染源单位实施监督检查；对市县环境监察进行督导；查处群众反映的环境问题；突发性污染事故的应急管理	辖区内污染源的监督管理；负责排污申报、排污收费；受理环境信访；对环境监察机构执法情况和排污费征收情况进行稽查
可再生能源	制定规划、标准、产业发展指导目录、技术经济政策和技术规范	省域规划；省级可再生能源开发利用管理工作	市县级可再生能源开发利用管理工作
资源综合利用	资源综合利用认定的组织、协调和监督管理	资源综合利用认定与监督管理	资源综合利用初审

资料来源：苏明，陈少强. 我国环境事权划分现状及改革建议[J]. 经济研究参考，2016(42)：6.

三、地方政府环境事权与支出责任概述

(一) 环境保护和环境问题的地域性特征

《环境保护法》把环境定义为"影响人类生存和发展的各种天然的和经过人工改造的自然因素的总体,包括大气、水、海洋、土地、矿藏、森林、草原、野生生物、自然遗迹、人文遗迹、风景名胜区、自然保护区、城市和乡村等"。

不同地方拥有不同因素,形成了各地不同的生态环境,呈现出不同地域特征。例如,黄河、长江、淮河等河流流经不同省域,在各个省域又体现不同的特征,对这些河流开展环境保护工作不可避免地带有省域特征和跨流域特征。又如,某地固体废物排放所形成的环境问题具有明显的纯地域特征,它的环境影响仅限于这一特定区域,并不会对其他区域产生影响。再如,大气污染具有一定的地域特征,污染程度与当地工业体系、人们生活习惯和消费方式等有密切关系,如果某地的工业体系中排放废气的产业较多,而相关企业又不愿意投入治污设备,空气污染会加重。并且,这种地域性又是不稳固的,人们无法把空气固定在这一区域,空气污染会随风移动,因此特定区域的可以移动的污染又成了跨区域污染。各个地区的环境污染状况也不同。以我国的健康饮水为例,西部地区有很多地方的居民还不具备健康饮水的基本条件;中东部地区居民则面临工业发展导致的水体污染问题。

环境公共服务具有非竞争性、非排他性的特征,所有人在特定空间里都可以获得同样的公共服务。环境公共服务的受益范围如同其他公共物品和服务一样,也会受到约束。如固体废弃物污染治理,受益范围就是在当地;而空气污染、跨流域的水污染治理,受益范围就会超越单一地区的限制,出现跨流域、跨地区甚至跨国界现象。因此,这样的环境公共物品和服务的管理和治理,就不单纯是一个地方政府能够解决的。如果只要求一个地方政府去独立解决,产生的收益其他方也可以获得,这对投入资金的地方政府而言是不公平的,而一旦各个地方政府都期望对方投资环境治理,最终的结果是没有地方政府愿意投入,生态环境将持续恶化。

(二)确定地方政府环境事权和支出责任的影响因素

1. 受益范围因素

环境公共物品具有外溢性、非竞争性和非排他性的特征。对当地土地的整治、固体废物的处理、湖泊的治理等,不存在受益外溢的可能,毫无疑问地属于地方政府的环境事权,地方政府也应该承担相应的支出责任,这是受益范围因素的体现。蒂布特认为,全部由中央政府或地方政府单独提供公共物品是没有效率的,在解决地方公共物品供给方面,地方政府更容易获得地方民众的偏好信息,而在供给跨流域和全国公共物品方面,中央政府有自己的优势,因此,中央政府和地方政府应该提供相应的公共物品,提高财政效率。[①]

2. 多重压力约束因素

与其他管理机构类似,环境管理机构形成了从中央到地方不同层级、机构设置基本相同的管理层级制度,内部分别设置了基本行政职能和环境治理职能部门,如办公厅、规划司、环境监测司等行使环境管理职能。地方政府面临多重压力:一是当地民众舆论压力,当地居民是环境质量的直接感受者,环境治理不力将会影响到当地政府的声誉;二是上级政府的环境责任、绩效考核压力,随着环境保护事业持续受到重视,国家调整了政绩考核指标,公务员的离任、晋升都要经过严格的考核和审计。在多重压力下,地方政府在环境事权和支出责任上,丝毫不敢大意,在预算约束下,尽可能安排更多的容易产生环境效益的项目,提高环境支出绩效。

3. 财政能力因素

财政能力是政府财政收入能力。地方政府能够动用的财力包括自身财力和来自上级的转移支付。对地方政府来说,自身财力是最稳定的,转移支付财力是不稳定的。地方财政能力是本地环境支出责任的基础,财政能力越强意味着可能投向环保领域的资金就会越多。当然,鉴于环境公共物品的特殊性,地方政府环保资金投入会优先投向纯属地方受益的环境项目,并根据上级的考核指标灵活选择对本地最有利的环保项目进

---

① Tbieout. A Pure Theory of Local Expenditures[J]. Journal of Political Economy,1956,(64):416-424.

行支出安排。在实践中,县级政府自身财政能力普遍偏弱,要大量借助上级的转移支付,中央政府和省级政府要利用好转移支付这一工具,激励县级政府更多地关注环境保护,做好环境保护工作。

(三) 跨区域环境事权和支出责任的界定

对美好环境的共同需求,促使受益各方都愿意去保护环境,加大环境治理投入。受益各方根据受益的大小,分担治理成本,承担各自的支出责任,是支出责任界定的规则。难点在于如何对受益大小进行合理的确定,这需要一套行之有效的标准和程序。标准和程序的制定或由受益方协商,或由中央政府进行协调。为了激励地方政府,对受益范围较广、信息相对复杂和外溢程度较高的环保项目,由中央和地方按比例承担,或由中央给地方适当补助。

跨区域、跨领域的环境监测和管理工作以及相关重大突发环境事件的调查和应急工作,需要中央和地方共同发挥优势,协调管理。一般而言,此项工作可以采取三种方式推进:一是由中央政府统一提供,具体通过建立区域性的管理中心负责区域内的环境公共服务,该管理中心实际上成为中央环境保护部门在地方的分支机构,主要负责省一级政府难以实现有效协调的环境事项;二是由地方政府提供服务,中央政府给予补贴;三是上述两种方式相结合。以对黄河的管理为例,黄河水利委员会对黄河流域的水资源管理事务全权负责,同时黄河干流流经的省区市也需要负责当地流域的水资源保护和监管工作,各地方政府根据属地原则提供相应的环境公共服务。

第二节 环境财政支出的对象类型

一、环境事务管理支出

(一) 环境保护管理事务支出

环境保护管理事务支出是指各级政府环境部门履行职责,从事环境保护管理活动,执行各项环境保护事务所形成的支出。在政府收支分类科目表中,节能环保支出属于211类,而环境保护管理事务属于211类下的01款,具体见表4.2。

表4.2　　　　　环境保护管理事务支出科目及编码

科目编码			科目名称
类	款	项	
211			节能环保支出
	01		环境保护管理事务
		01	行政运行
		02	一般行政管理事务
		03	机关服务
		04	生态环境保护宣传
		05	环境保护法规、规划及标准
		06	生态环境国际合作及履约
		07	生态环境保护行政许可
		08	应对气候变化管理事务
		99	其他环境保护管理事务支出

资料来源:中华人民共和国财政部.2022年政府收支分类科目[M].上海:立信会计出版社,2021:73-74.

行政运行支出,反映的是行政单位(包括实行公务员管理的事业单位)的基本支出。

一般行政管理事务支出,反映的是行政单位(包括实行公务员管理的事业单位)未单独设置项级科目的其他项目支出。

机关服务支出,反映的是为行政单位(包括实行公务员管理的事业单位)提供后勤服务的各类后勤服务中心、医务室等附属事业单位的支出。其他事业单位的支出,如果单独设置了项级科目,则在单独设置的项级科目中反映;未单设项级科目的,在"其他"项级科目中反映。

生态环境保护宣传支出,反映的是生态环境部门用于环境保护宣传教育方面的支出。

环境保护法规、规划及标准支出,反映的是环境保护法规政策的前期研究、制定,规划的前期研究、制定及实施评估,环境标准试验、研究和制定等方面的支出。

生态环境国际合作及履约支出,反映的是生态环境部门国际环境合作与交流、谈判及履约工作支出,国际环境合作及履约项目国内配套、国际环境热点问题调研及咨询、周边国家环境纠纷处理及合作方面的支出。

生态环境保护行政许可支出,反映的是生态环境部门按法律法规设定和经国务院批准的行政许可管理支出,如建设项目环境影响评价审批、排污许可、危险废物经营许可等行政许可管理及相关技术支持等方面的支出。

应对气候变化管理事务支出,反映的是应对气候变化管理事务方面的支出。

其他环境保护管理事务支出,反映的是除上述项目以外其他用于环境保护管理事务方面的支出。

(二)环境监测与监察支出

环境监测是指通过物理、化学、生物等一系列科学方法分析当前的环境状况和发展趋势的活动。环境监测由环保部门依法执行,旨在降低某些活动给环境以及社会带来的不利影响。环境监测的主要职能是对污染程度及分布进行测量,分析评价环境质量,预测环境未来的变化趋势等。环境监察是环境保护执法行为,由环境保护行政部门统一实施。环境监测和环境监察都是根据环境管理的要求对环境保护进行监管的行政行为,其中环境监测为环境监察提供参考数据,而环境监察是否到位要依据环境监测来衡量。

环境监测和监察支出,是环境保护部门在履行其环境监测与监察职能时所形成的支出。在政府收支分类目标中,它属于211类下的02款,具体见表4.3。

表4.3　　　　　　　　环境监测与监察支出科目及编码

科目编码			科目名称
类	款	项	
211			节能环保支出
	02		环境监测与监察
		03	建设项目环评审查与监督
		05	核与辐射安全监督
		99	其他环境监测与监察支出

资料来源:中华人民共和国财政部.2022年政府收支分类科目[M].上海:立信会计出版社,2021:74.

建设项目环评审查与监督支出,反映的是生态环境部门对建设类规划、建设项目的环境影响评价、评审,建设项目"三同时"①监理、验收等方面的支出。

核与辐射安全监督支出,反映的是生态环境部门在核安全、核辐射安全监管、审评,放射性物质运输监管,核材料管制,核设施监管等方面的支出。

其他环境监测与监察支出,反映的是除上述项目以外其他用于环境监测与监察方面的支出。

(三) 能源管理事务支出

能源是国家可持续发展的命脉。能源管理就是对能源采购、储存、使用等各个环节进行的管理工作。能源管理事务支出反映的是各级能源管理部门从事能源管理各项事务的支出,例如,管理机关的运行,管理信息化,拟定能源发展战略、规划和政策,开展能源国际合作,等等。在政府收支分类科目表中,它属于211类下的14款,具体见表4.4。

表4.4　　　　　　能源管理事务支出科目及编码

科目编码			科目名称
类	款	项	
211			节能环保支出
	14		能源管理事务
		01	行政运行
		02	一般行政管理事务
		03	机关服务
		06	能源科技装备
		07	能源行业管理
		08	能源管理★
		11	信息化建设
		13	农村电网建设
		50	事业运行
		99	其他能源管理事务支出

资料来源:中华人民共和国财政部.2022年政府收支分类科目[M].上海:立信会计出版社,2021:77.

注:★表示《2022年政府收支分类科目》制定过程中修订的科目。

---

① 指新建、改建、扩建的基本建设项目、技术改造项目、区域或自然资源开发项目,其防治环境污染和生态破坏的设施,必须与主体工程同时设计、同时施工、同时投产使用的制度,简称"三同时"制度。

行政运行支出,反映的是能源管理各级行政单位(包括实行公务员管理的事业单位)的基本支出。

一般行政管理事务支出,反映的是能源管理各级行政单位(包括公务员管理的事业单位)未单独设置项级科目的其他项目支出。

机关服务支出,反映的是为能源管理各级行政单位(包括实行公务员管理的事业单位)提供后勤服务的各类后勤服务中心、医务室等附属事业单位的支出。其他事业单位的支出,凡单独设置了项级科目的,在单独设置的项级科目中反映。未单设项级科目的,在"其他"项级科目中反映。

能源科技装备支出,反映的是用于能源科技装备方面的支出。

能源行业管理支出,反映的是用于煤炭、电力(含核电)、石油、天然气、可再生能源、其他能源行业的管理及能源节约等方面的支出。

能源管理支出,反映的是能源监管事务以及国家能源专家咨询委员会等方面的支出。

信息化建设支出,反映的是用于信息化建设方面的支出。

农村电网建设支出,反映的是用于农村电网建设与改造方面的支出。

事业运行支出,反映的是事业单位的基本支出,不包括行政单位(包括实行公务员管理的事业单位)后勤服务中心、医务室等附属事业单位的支出。

其他能源管理事务支出,反映的是除上述项目以外的其他能源管理支出。

二、基础预防支出

(一) 自然生态保护支出

自然生态环境是存在于人类社会周围的,对人类的生存和发展产生直接或间接影响的各种天然形成的物质和能量的总体,是一定时空范围内依靠生物及其环境本身的自我调节来维持相对稳定的生态系统。典型的自然生态系统包括森林、草原、荒漠、海洋和湿地生态系统。

我国地理地质环境复杂多样,干旱、半干旱地区面积占国土面积的52%,90%的可利用天然草原存在不同程度的退化、沙化、盐碱化。我国灾害种类多、分布地域广、发生频率高,对人民生命财产安全和经济社会发展构成重大威胁。①

自然生态保护支出,就是反映生态保护、生态修复、生物多样性保护、农村环境保护和生物安全管理等方面的支出。在政府收支分类科目表中,它属于211类下的04款,具体见表4.5。

表4.5　　　　　　　　自然生态保护支出科目及编码

科目编码			科目名称
类	款	项	
211			节能环保支出
	04		自然生态保护
		01	生态保护
		02	农村环境保护
		04	生物及物种资源保护
		05	草原生态修复治理★
		06	自然保护地★
		99	其他自然生态保护支出

资料来源:中华人民共和国财政部.2022年政府收支分类科目[M].上海:立信会计出版社,2021:75.

注:★表示《2022年政府收支分类科目》制定过程中修订的科目。

生态保护支出,反映的是用于生态功能保护区、生态示范区、生态省(市、县)的管理及能力建设、日常管护、宣教、试点示范等支出,生态修复支出,资源开发生态监管等支出。

农村环境保护支出,反映的是用于农村环境保护方面的支出。具体事项包括:农村环境综合整治,如生活垃圾和污水处理、农村饮用水水源地监测与保护;小城镇环境保护,如小城镇环境保护能力建设及环境基础设施建设、环境优美乡镇及生态村创建;农用化学品(化肥、农药、农膜等)污染防治、畜禽养殖污染防治、土壤污染防治;农产品产地环境监测与监管、有机食品基地建设与管理、秸秆等农业废弃物综合利用;农村环境保护能力建设、宣教、试点示范;等等。

生物及物种资源保护支出,反映的是用于生物多样性、生物安全、生物

---

① 可持续发展国家报告编委会.中华人民共和国可持续发展国家报告[R/OL].(2012-06-04)[2020-06-02]. http://www.gov.cn/gzdt/2012-06/04/content_2152292.htm.

遗传资源管理及保护、外来入侵物种防治、微生物环境安全监管等支出。

其他自然生态保护支出,反映的是除上述项目以外其他用于自然生态保护方面的支出。

(二) 天然林保护支出

天然林保护是保护天然林不被破坏,维持其林分的生态结构与生产力,并使其资源得以发展。国家为了遏制生态环境恶化,维护和改善生态环境实施了天然林保护工程,保障了国民经济和社会的可持续发展。

天然林保护支出,反映的是用于天然林资源保护工程的各项补助支出。在政府收支分类科目表中,它属于211类下的05款,具体见表4.6。

表4.6　　　　　　　天然林保护支出科目及编码

科目编码			科目名称
类	款	项	
211			节能环保支出
	05		天然林保护
		01	森林管护
		02	社会保险补助
		03	政策性社会性支出补助
		06	天然林保护工程建设
		07	停伐补助
		99	其他天然林保护支出

资料来源:中华人民共和国财政部.2022年政府收支分类科目[M].上海:立信会计出版社,2021:75。

森林管护支出,反映的是专项用于森林资源管护所发生的各项补助支出。

社会保险补助支出,反映的是专项用于木材减产或停产所造成的实施单位应缴纳社会保险费缺口的补助支出。

政策性社会性支出补助支出,反映的是专项用于实施单位承担的政策性社会性支出补助的支出。

天然林保护工程建设支出,反映的是专项用于天然林保护工程建设的支出。

停伐补助支出,反映的是专项用于全面停止天然林商业性采伐的补助支出。

其他天然林保护支出,反映的是除上述项目以外其他用于天然林保护方面的支出。

(三) 退耕还林还草、退牧还草支出

退耕还林还草、退牧还草是指为防治水土流失,停止耕种坡耕地,改为植树种草、恢复植被;停止使用退化牧场,恢复草原植被。我国于2000年开始实施退耕还林还草工程,于2003年开始实施退牧还草工程,于2014年开始实施《新一轮退耕还林还草总体方案》。

退耕还林还草支出、退牧还草支出,反映的是专项用于退耕还林还草工程的各项补助支出。在政府收支分类科目表上,它属于211类下的06和08款,具体见表4.7。

表4.7　退耕还林还草、退牧还草支出科目及编码

科目编码			科目名称
类	款	项	
211			节能环保支出
	06		退耕还林还草
		02	退耕现金
		03	退耕还林粮食折现补贴
		04	退耕还林粮食费用补贴
		05	退耕还林工程建设
		99	其他退耕还林还草支出
	08		退牧还草
		04	退牧还草工程建设
		99	其他退牧还草支出

资料来源:中华人民共和国财政部.2022年政府收支分类科目[M].上海:立信会计出版社,2021:76.

退耕现金支出,反映的是专项用于退耕户的现金补助支出。

退耕还林粮食折现补贴支出,反映的是财政用于退耕还林粮食折现补贴的支出。

退耕还林粮食费用补贴支出,反映的是地方财政拨付的退耕还林粮食费用补贴的支出。

退耕还林工程建设支出,反映的是退耕还林工程建设支出。

其他退耕还林还草支出,反映的是除上述项目以外其他用于退耕还林还草方面的支出。

退牧还草工程建设支出,反映的是退牧还草工程建设的支出。

其他退牧还草支出,反映的是除上述项目以外其他用于退牧还草方面的支出。

(四) 风沙荒漠治理

荒漠是指气候干燥、降水稀少、蒸发量大、植被覆盖率低的地区,或是几乎没有植被和良好土壤发育的土地。沙漠是地球上沙丘覆盖地表的特定区域。荒漠和沙漠有的是自然形成的,有的是人类活动过度的结果。气候变化和人类活动所导致的天然沙漠扩张和沙质土壤上植被被破坏、沙土裸露的过程是沙化,气候变异和人类活动在内的各种因素造成的干旱、半干旱和亚湿润干旱地区的土地退化是荒漠化,两者都是严重的环境问题。我国荒漠化地域涉及 18 个省、自治、直辖市的 471 个县(市)。风沙化地域涉及 14 个省、自治区、直辖市的 202 个县(市)。

风沙荒漠治理支出,是反映用于风沙荒漠治理方面的支出。在政府收支分类科目表中,它属于 211 类下的 07 款,具体见表 4.8。

表 4.8　　　　　　　　风沙荒漠治理支出科目及编码

科目编码			科目名称
类	款	项	
211			节能环保支出
	07		风沙荒漠治理
		04	京津风沙源治理工程建设
		99	其他风沙荒漠治理支出

资料来源:中华人民共和国财政部.2022 年政府收支分类科目[M].上海:立信会计出版社,2021:76.

京津风沙源治理工程建设支出,反映的是用于京津风沙源治理工程建设的支出。

其他风沙荒漠治理支出,反映的是除上述项目以外其他用于风沙荒漠治理方面的支出。

京津风沙源治理工程是为了改善和优化京津冀周边地区生态环境状

况,固土防沙,减轻风沙危害,减少京津沙尘天气而实施的一项生态环境保护工程。工程区西起内蒙古的达茂旗,东至内蒙古的阿鲁科尔沁旗,南起山西的代县,北至内蒙古的东乌珠穆沁旗,涉及北京、天津、河北、山西及内蒙古5个省(区、市)的75个县(旗)。工程区总人口约1958万,总面积约45.8万平方公里,沙化土地面积约10.12万平方公里。一期工程于2002年启动,投资总额约558亿元。2012年9月,国务院常务会议讨论通过了《京津风沙源治理二期工程规划(2013—2022年)》,决定实施京津风沙源治理二期工程,工程区范围由北京、天津、河北、山西、内蒙古5个省(区、市)的75个县(旗、市、区)扩大至包括陕西在内6个省(区、市)的138个县(旗、市、区),投资总额达877.92亿元。

三、污染防治减排支出

(一) 污染防治支出

污染防治指运用技术、经济、法律及其他管理手段和措施,对污染源的污染物排放量进行监督和控制。水生态环境、空气质量、周边土壤,与我们每个人都息息相关,都是人类赖以生存的基础。对废水、空气污染等进行防治,对实现绿色发展至关重要。

污染防治支出,反映政府在防治大气、水体、噪声、固体废弃物、放射性物质污染等方面的支出。在政府收支分类科目表中,它属于211类下03款,具体见表4.9。

大气污染防治支出,反映的是政府在防治空气污染、汽车尾气、酸雨、二氧化硫、沙尘暴等方面的支出。

表4.9　　　　　　　　污染防治支出科目及编码

科目编码			科目名称
类	款	项	
211			节能环保支出
	03		污染防治
		01	大气
		02	水体
		03	噪声

(续表)

科目编码			科目名称
类	款	项	
		04	固体废弃物与化学品
		05	放射源和放射性废物监管
		06	辐射
		07	土壤
		99	其他污染防治支出

资料来源：中华人民共和国财政部.2022年政府收支分类科目[M].上海：立信会计出版社，2021：74.

水体污染防治支出，反映的是政府在排水、污水处理、水污染防治、湖库生态环境保护、水源地保护、国土江河综合整治、河流治理与保护、地下水修复与保护等方面的支出。

噪声污染防治支出，反映的是政府在防治噪声与震动污染方面的支出。

固体废弃物与化学品污染防治支出，反映的是政府在垃圾、医疗废物、危险废物及工业废弃物处置处理等方面的支出，持久性有机污染物监管及淘汰处置支出等。

放射源和放射性废物监管支出，反映的是对放射源生产、销售、使用、废弃源处置等管理的支出，放射性废物管理、收集、处置等支出，放射性废物库建设与运行等方面的支出。

辐射污染防治支出，反映的是政府在核辐射、电磁辐射污染防治等方面的支出。

土壤污染防治支出，反映的是政府在土壤污染调查、风险管控、治理与修复等方面的支出。

其他污染防治支出，反映的是除上述项目以外其他用于污染防治方面的支出。

（二）污染减排支出

污染减排指的是减少污染物排放量以改善环境质量，其核心是"实行污染物排放总量控制制度"，即通过控制污染增量，削减污染存量，使污染排放总量控制在环境总量允许的范围内。污染减排是调整经济结构、转变发展方式、改善民生的重要抓手,是改善环境质量、解决区域性环境问题的重要手段。污染减排主要依靠建设污染治理设施,淘汰落后产能,加强治污设施的运行监管等实现。

污染减排支出,反映的是用于污染减排方面的支出,属于211类下的11款,具体见表4.10。

表4.10　　　　　　　污染减排支出科目及编码

科目编码			科目名称
类	款	项	
211			节能环保支出
	11		污染减排
		01	生态环境监测与信息
		02	生态环境执法监察
		03	减排专项支出
		04	清洁生产专项支出
		99	其他污染减排支出

资料来源:中华人民共和国财政部.2022年政府收支分类科目[M].上海:立信会计出版社,2021:76。

生态环境监测与信息支出,反映的是生态环境部门在监测和信息方面的支出,包括环境质量监测、污染治理设施竣工验收监测、污染源监督性监测、污染事故应急监测和污染纠纷监测等支出,环境统计和调查、环境质量评价、绿色国民经济核算等支出,环境信息系统建设、维护、运行、信息发布及其技术支持等方面的支出。

生态环境执法监察支出,反映的是生态环境部门监督检查环保法律法规、标准等执行情况的支出,行政处罚、行政诉讼、行政复议支出,环境行政稽查支出,执法装备支出,排污费申报、征收与使用管理支出,环境问题举报、环境纠纷调查处理支出,突发性污染事故预防、应急处置等支出。

减排专项支出,反映的是用减排专项资金安排的支出。

清洁生产专项支出,反映的是支持清洁生产方面的支出。

其他污染减排支出,反映的是除上述项目以外其他用于污染减排方面的支出。

四、长远防治支出

(一) 能源节约利用支出

能源节约是指在能源的开采、运输、加工、转换、使用等各个环节上努力减少能源的损失和浪费,以提高能源有效利用程度的一系列活动。它力求在满足相同需要或达到相同目的前提下,使能源消耗量减少,或者以相同数量的能源消耗获得更多的产品或产值。

能源节约利用支出,是用于能源节约利用方面的支出,目的在于推动工业、建筑等领域节能降耗,推广节能产品,惠及民众,如节能家电产品补贴等。在政府收支分类科目表中,它属于211类下的10款,具体见表4.11。

表4.11　　能源节约利用、可再生资源和循环经济科目编码

科目编码			科目名称
类	款	项	
211			节能环保支出
	10		能源节约利用
		01	能源节约利用
	12		可再生能源
		01	可再生能源
	13		循环经济
		01	循环经济

资料来源:中华人民共和国财政部.2022年政府收支分类科目[M].上海:立信会计出版社,2021:76.

(二) 可再生能源支出

可再生能源包括太阳能、水能、风能、生物质能、波浪能、潮汐能、海洋温差能、地热能等,是在自然界可以循环再生的能源。当前各国都极其关注可再生能源的开发利用,以减少资源开发给环境带来的危害。

可再生能源支出,反映的是用于可再生能源方面的支出。在政府收支分类科目表中,它属于211类下的12款,具体见表4.11。

(三) 循环经济支出

循环经济支出,反映的是用于循环经济(含资源综合利用)方面的支出。在政府收支分类科目表中,属于211类下的13款,具体见表4.11。

第三节　环境财政支出制度

为了使有限的环境财政支出资金发挥应有的效益,客观上需要构建和完善三方面的环境财政支出制度:环境预算与绩效评估制度、环境财政支出程序制度、信息公开与公众参与制度。

一、环境预算与绩效评估制度

(一)环境预算

政府预算是指经法定程序审核批准的政府年度财政收支计划。

从形式上看,政府预算是所在财政年度的预期收入和支出一览表,它按一定标准将财政收入和支出分门别类地列入特定的表格,反映的是政府在年度内进行财政收支活动所应达到的各项收支指标和收支总额之间的平衡关系。因此,政府预算是反映政府财政活动的一面镜子,有助于人们清楚了解政府的财政活动。

从实际内容看,政府预算包括财政年度内可以集中并用于分配的财力总规模、预算收支对比关系、收入来源渠道、支出去向。它的具体分配项目和数量反映了国家参与一部分社会产品或国民收入分配所形成的分配关系,同时政府年度收支计划体现了政府活动的范围、方向和政策。

从法律上看,政府预算是有法律执行效力的计划。政府预算从提出到批准的程序是按照法定程序进行的,要经过国家权力机关的审批方能生效,因此被批准的预算实质上是法律文件。

环境预算可以定义为经法定程序审核批准的政府年度环境财政收支计划,它源于财政年度内环保收入计划和环保支出计划,体现了政府在环境保护领域的活动范围、支出重点和方向。

《中华人民共和国预算法》规定,国家实行一级政府一级预算,现有中央、省(自治区、直辖市)、设区的市(自治州)、县(自治县、不设区的市、市辖区)、乡(民族乡、镇)五级预算。省级及其以下的各级预算称为地方预算,与中央政府预算一起组成国家总预算。

环境预算实际上是部门预算,是环境保护管理部门预算。作为政府机关的组成部门,环境保护部门可以编制本部门预算,与其他预算部门共同组成同级政府本级预算,如生态环境部的部门预算和其他同级政府部门的部门预算组成了中央政府本级预算。

预算体系参见图4.1。部门预算是指与财政部门直接发生缴拨款关系的一级预算单位的预算,它由本部门及所属各单位的全部收支预算组成。各部门是指与本级政府财政部门直接发生预算缴款、拨款关系的国家机关、军队、政党组织和社会团体;直属单位是指与本级财政部门直接发生预算缴款、拨款关系的企业和事业单位。

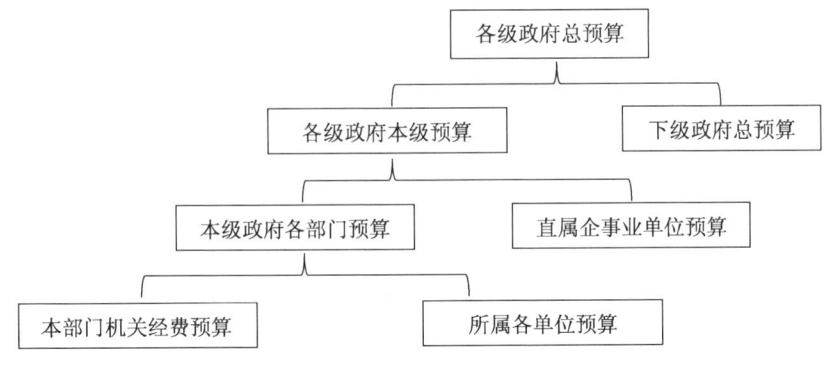

图4.1 预算体系

(二) 环境绩效评估

环境绩效评估是环境绩效管理的一种工具,它按照预先设定的评估指标和标准,针对被评估对象在一定时期内的环境相关工作和活动进行考察、评定,给出被评估对象真实环境绩效水平的状况和信息。为后期绩效提升与改进活动提供支持和帮助,是开展环境绩效评估的最终目的。

环境财政支出绩效评估,就是根据政府制定的环境保护目标、绩效评价体系,运用规范的评价方法对环境财政支出效果进行评价的过程。总体而言,环境财政支出绩效评估就是对国家履行环境保护职能的有效性进行评价,从而为优化环境财政支出结构,提升环境财政支出绩效提供科学依据。

环境财政支出绩效评估的目标有三个:一是提高环境财政资金的使用效益;二是提高环境财政支出的管理水平;三是促进财政职能转变。环境财政支出绩效评估坚持"3E"原则,即环境财政支出的经济性(economy)、效率性(efficiency)和有效性(effectiveness)。经济性原则主要检验投入成本的有效性,即以最小的成本获得最大的收益;效率性原则主要检验资金使用管理的科学性;有效性原则主要检测目标的实现程度。

环境绩效评估的主体,是指负责制定评估方法,对特定评估对象开展环境绩效评估的机构。环境财政资金属于财政资金,要按照财政资金的使用办法进行管理,并接受上级环境保护部门、财政部门、审计部门的绩效监督。一般来说,环境绩效评估包括:对环境保护管理部门的部门绩效评估,对使用环境专项资金项目的绩效评估。评估的主体可以是环保资金使用单位,如企事业单位,这主要是绩效的自我评价;可以是环境保护管理部门,如生态环境厅对其某项或某类资金使用效果进行的绩效评估,这属于管理部门评估;可以是财政部门,作为资金拨付部门,对财政资金使用绩效进行评估;也可以是研究机构、审计机构和非政府组织等第三方评估机构。

2018年发布的《中共中央 国务院关于全面实施预算绩效管理的意见》提出:"实施政府预算绩效管理。将各级政府收支预算全面纳入绩效管理。各级政府预算收入要实事求是、积极稳妥、讲求质量,必须与经济社会发展水平相适应,严格落实各项减税降费政策,严禁脱离实际制定增长目标,严禁虚收空转、收取过头税费,严禁超出限额举借政府债务。各级政府预算支出要统筹兼顾、突出重点、量力而行,着力支持国家重大发展战略和重点领域改革,提高保障和改善民生水平,同时不得设定过高民生标准和擅自扩大保障范围,确保财政资源高效配置,增强财政可持续性。实施部门和单位预算绩效管理。将部门和单位预算收支全面纳入绩效管理,赋予部门和资金使用单位更多的管理自主权,围绕部门和单位职责、行业发展规划,以预算资金管理为主线,统筹考虑资产和业务活动,从运行成本、管理效率、履职效能、社会效应、可持续发展能力和服务对象满意度等方面,衡量部门和单位整体及核心业务实施效果,推动提高部门和单位整体绩效水平。实施政策和项目预算绩效管理。将政策和项目全面纳入绩效管理,从数量、质量、时效、成本、效益等方面,综合衡量政策和项目预算资金使用效果。对实施期超过一年的重大政策和项目实行全周期跟踪问效,建立动态评价调整机制,政策到期、绩效低下的政策和项目要及时清理退出。"

(三) 环境绩效第三方评估

随着经济社会发展和政府治理理念转型,第三方评估由于其客观性和公正性,越来越受到重视。《中共中央 国务院关于全面实施预算绩效管理的意见》也提出:"各级财政部门建立重大政策、项目预算绩效评价机制,逐步开展部门整体绩效评价,对下级政府财政运行情况实施综合绩效评价,必要时可以引入第三方机构参与绩效评价。"

第三方评估是指与被评估方完全独立的、无利益相关关系的、有评估资质的高校、专业公司、专家学者、社会大众等做出的绩效评估。例如,以高校专家为主导的评估,以会计师事务所、专业评价机构等专业机构为主导的评估,以社会大众为主导的评估,等等。

环境绩效第三方评估是与环境财政资金、评价对象等没有利益关系的第三方进行的绩效评估。无论是环境财政资金使用单位的自我评估,还是资金管理部门对资金使用部门或单位的评估,评估和被评估的主体都具有相关利益关系,可能会影响到评估的公正性。2013年环境保护部华南环境科学研究所(现为生态环境部华南科学研究所)对淡水河、石马河流域污染整治项目实施了第三方绩效评估,对污染治理工程的项目绩效产生了正面的影响。

环境绩效第三方评估的基本流程有三步:第一步是前期准备,包括确定第三方、确定评估目标和确定评估方法;第二步是实施评估,包括信息的收集与加工、评估指标体系的构建、评估结论的出具等;第三步是评估结果反馈与应用。

二、环境财政支出程序制度

（一）环境财政支出预算

环境财政支出预算，是环境部门在财政年度各项环境保护支出的具体安排计划，包括：环境财政支出的规模，环保管理事务、环境监测与监察、污染防治等各项环境保护支出的资金分配。

我国现行的环境财政支出的科目设置，是从2007年1月1日起实行的。2007年之前，我国并没有单独设置环境保护财政支出科目，环境保护的财政支出分散在其他的支出科目中。例如，农业支出中的"农业资源和环境保护"支出，林业支出中的"天然林防护""退耕还林""风沙荒漠治理"等支出。

2007年，政府收支分类体系改由收入分类、支出功能分类和支出经济分类三部分组成。其中，收入分类反映了收入的具体来源和性质，即政府的收入是从哪些渠道而来的；支出功能分类反映了政府职能活动的支出，即政府的钱花在了哪里，政府在某项职能履行中具体支出了多少，从中还可以看到政府的政策导向等；支出经济分类具体反映了支出的形式，即政府的钱是通过哪些具体途径花出去的。

2007年我国单独设置了211类环境保护支出类科目，下设环境保护管理事务、环境监测与监察、污染防治、自然生态保护、天然林保护、退耕还林、风沙荒漠治理、退牧还草、已垦草原退耕还草和其他环境保护支出共计10款、46项。自此，环境财政支出有了专门的"类、款、项"三级独立的财政账户。财政部多次对211类支出科目设置进行调整，例如，2009年新增了"能源节约利用""污染减排"和"可再生能源"3款；2011年将211类"环境保护支出"更名为"节能环保支出"类，支出类的名称更加符合实际的支出方向和功能；2015年删除了湖泊生态环境保护项目，新增了循环经济款项目；2022年将211类支出科目调整为15款、61项。

（二）环境财政支出渠道和流程

根据支出对象的差异，环境财政资金的支出渠道可以分为三类：一是承担环境保护职能的政府部门，包括生态环境部和地方各级政府的环境保护部门；二是承担污染治理和环境保护责任的国有企事业单位；三是其他市场主体。

环境财政支出的资金按照管理渠道主要可以分为三类:一是预算内安排的基建投资,主要由发改委、环境保护部门负责;二是环境保护财政专项资金,主要由财政部门和环境保护部门负责;三是各级环境保护部门的部门预算。

环境财政资金的整个流动过程主要包括以下几个环节。

1. 预算申请环节

预算资金的申请,一般需要经过"两下两上"的过程:"一下"是财政主管部门先行下达预算编制任务通知,要求各部门各单位上报预算;接着是"一上",即各预算部门和预算单位上报预算;财政主管部门接到各部门的预算之后对其进行约束和平衡,并再次下达修改预算任务,此为"二下";预算部门和预算单位根据财政主管部门要求,修改预算申请,再次上报给财政主管部门,此为"二上"。经过"两下两上",预算分配方案基本形成。当然,实践中的预算往往要经过更多次的上下协调。

2. 审批立项和拨付环节

预算要经过同级人大批准后,才能进入实施阶段。对于财政分配给环境保护方面的资金,除了用于环境保护管理事务等经常性支出外,更多是采用项目管理的办法控制资金的支付,即只有通过申报等程序,经由审批后立项的项目,才能获得财政资金的支持。

3. 支出环节

预算单位接到拨付的财政资金后,需要按照相关规定对项目资金进行管理,支出的方式有直接拨付和报账制等形式。

4. 结转环节

所拨付的财政资金,如果没有按照预定计划使用,如发生项目推迟或整合、资金划拨延误、实际支出小于预定支出等情况,财政部门一般会冻结财政资金,并根据实际情况,或是取消资金的配置,或是根据项目的实际情况对资金进行相应的调整并将其重新纳入预算。

5. 审核验收环节

项目完成后,按照有关规定,需要对财政资金的使用情况进行审核验收,以确保资金被合理有效地使用。

（三）环境财政支出支付制度

作为政府资金，环境财政支出资金的支付遵循国库集中支付制度，采用财政直接支付程序。

国库集中支付制度是指以国库单一账户体系为基础，以健全的财政支付信息系统和银行间实时清算系统为依托，在预算单位动用财政性资金购买商品、劳务和支付款项时，由其提出申请，经国库集中支付机构审核后，资金经国库单一账户以直接支付（工资支出、购买支出等）或授权支付（零星支出和未纳入直接支付范围的购买支出）方式支付给收款人，实行财政直接监督控制全过程的财政国库支出管理制度。①

财政直接支付程序为：首先是预算单位提出支付申请；然后财政部门对支付申请审核确认后，就符合规定的申请向代理银行开具支付令，并通知清算银行（指办理国库单一账户清算业务的人民银行和代理预算外资金等财政专户清算业务的商业银行）进行支付；最后代理银行根据支付令将资金支付给收款人。②

三、信息公开与公众参与制度

（一）信息公开

政府信息是指行政机关在履行其行政管理职能过程中制作或者获取的，以一定形式记录、保存的信息。行政机关应当及时、准确地公开政府信息。根据《中华人民共和国政府信息公开条例》的规定，各级人民政府应当积极推进政府信息公开工作，逐步增加政府信息公开的内容。例如，财政预算、决算信息，重大建设项目的批准和实施情况，环境保护、公共卫生、安全生产、食品药品、产品质量的监督检查情况等应该由政府主动公开。

财政信息是政府财政活动的记录，属于政府信息公开范围。作为财政信息的一部分，环境财政信息是环境保护部门收支活动的详细记录，理应得到及时公开。预算信息公开透明是现代财政制度的重要特征，推动

---

① 李伟,张烁岩.财政国库集中支付问题探讨综述[J].经济研究参考,2018(72):46.
② 李伟,张烁岩.财政国库集中支付问题探讨综述[J].经济研究参考,2018(72):47.

预算公开透明,有助于增强预算编制的科学性,变"看不见的政府"为"看得见的政府"。

1. 环境财政信息公开主体和内容

所有使用环境财政资金的部门和单位,均是环境财政信息公开的主体(涉密的除外)。除纳入涉密清单的事项外,其他环境财政收支情况都要向社会公开,例如,一般公共预算、政府性基金预算、国有资本经营预算和社会保障基金预算等有关报表及说明,重要收支事项报表说明和绩效评价等内容,要统一编号,编排目录。公开的内容应尽量通俗易懂,公开的预算报告要图文并茂,解释充分。应尽可能地扩大公开范围,除了公开财政部发布的《地方预决算公开操作规程》中规定的表格外,还应公开所有的财政预算信息(涉密的除外),且应公开到最末一级分类科目。

2. 信息公开的形式和时间

根据财政部门的统一范本,采用 Excel、Word、PDF 等多种文件格式,尽量满足不同人群的需求,使普通人看得懂;充分利用互联网和现代信息技术公开预算信息,在省预算信息公开平台和本部门本单位的网站上公开信息。部门预决算,应在本级政府财政部门批复后 20 日内向社会公开;重大事项财政支出绩效评价完成后,建议统一在 30 日内向社会公开,接受社会监督。

3. 公开预算绩效信息

对环境保护部门、环境财政支出专项资金等的绩效评价要及时公开。各部门和各单位应在门户网站"政府信息公开"专栏下(或在预决算信息公开平台下)设置"预算绩效管理"专栏,并细分为"政策发布""绩效目标""绩效跟踪""绩效评价""评价结果应用"五个下拉栏,与全过程预算绩效管理流程相对应,使预算绩效评价的相关信息披露得更为直接。①

(二) 公众参与

包括社会团体组织和公民个人在内的社会公众参与环境财政支出预算过程既是参与式民主理论的具体应用,也是提高预算决策水平的一个

---

① 推动预算公开透明研究课题组.地方预算公开透明度研究——基于河南省的调查[J].财政监督,2019(23):43.

重要途径。环境财政支出预算不仅仅是政府的事,它与每个公民都息息相关。通过社会公众与政府财政部门、环境保护部门等的协商、讨论、交换观点和意见,可使环境财政支出预算获得更多人的支持,增强人民参与公共事务的意识。

党的十八大报告提出"要在全口径预决算审查监督过程中引入公众参与",即公众参与预算编制、执行、决算、绩效评价等全过程。在预算编制阶段,公众为政府预算草案的制定提供建议,监督政府预算草案的最终形成;在预算执行阶段,公众可监督预算单位预算资金的使用情况和预算监督主体的履职情况,降低预算监督主体与客体之间合谋行为发生的概率;在决算阶段,公众可监督决算草案的形成,通过整理预算监督过程中的工作,帮助发现政府预决算工作中存在的问题,评判政府预决算工作绩效。

公众监督主体参与到预算监督中,有利于拓展预算监督的空间,构建多元财政监督体系,为最终实现全口径、全流程预算监督奠定基础,从而保障对政府预决算的全程监督。

可以利用多元化的渠道,如报纸、杂志、广播等传统媒体,以及网络媒介等新媒体,对政府预决算工作进行监督。政府应当回应社会关切,及时在政府网站上公布预决算相关信息,自觉接受监督;同时,构建监督预决算的绩效评价系统,为公众反馈预决算监督信息提供平台。

第五章　我国环境财政转移支付制度

生态保护和环境治理的地域性特征客观上要求地方政府承担更多的事权和支出责任。但其中存在着诸多的不公平及不平衡。一方面,从社会发展的全局看,生态保护和环境治理带来环境改善,其积极影响不仅仅局限于特定地域。另一方面,从生态保护和环境治理的预设目标看,地方政府承担环境事权面临巨大的财政压力,特别是生态保护和环境治理任务较重的区域,也往往是经济欠发达、政府财力较弱的区域。实践中,由中央政府安排财政资金支持地方政府的生态保护和环境治理,以此来解决不公平的问题,实现均衡发展,这也是本章所讨论的环境财政转移支付的主要形式。

第一节　环境财政转移支付制度概述

一、环境财政转移支付的内涵与作用

(一) 环境财政转移支付的内涵

为适应和促进社会主义市场经济体制改革,在合理借鉴西方发达国家经验和充分考虑我国国情的基础上,我国于1994年开始实行具有中国特色的分级分税制财政管理体制。按照1994年的分税制设置,收入被更多地划归中央以提高中央财政收入占比,进而增强中央的宏观调控能力。但这也造成了中央政府和地方政府之间的财权和事权不匹配,地方承担过多的支出责任,却没有获得足够的财力支撑。为了均衡各级政府间以及地区之间的财力状况,达成经济社会目标,我国实行转移支付的预算调节制度。就整个预算管理体制而言,转移支付制度是稳定的,且其调节方法可以根据实际需要灵活变动。因此,转移支付制度在财政管理和环境治理中能够发挥重要作用。但也正因为具有这样的特点,它成为分税制管理体制中政策性最强和最复杂的组成部分,而环境财政转移支付则是转移支付的重要内容之一。

所谓转移支付,是指各级政府间财力的无偿转移,而相关财力转移的方法、规则和程序等构成了转移支付制度。从形式上看,转移支付分为纵向调节(中央对地方政府的纵向转移)、横向调节(地方政府间的横向转移)以及纵向转移和横向转移相结合三种。[①] 相应地,环境财政转移支付则是指各级政府之间用于生态保护和环境治理领域财力的无偿转移,其具体的财力转移方法、规则和程序以及相关的法律法规等构成环境财政转移支付制度。

根据财政学基本理论对公共物品和公共服务的定义,环境基本属于纯公共物品范畴,同时又因环境自身具有不同区域性、层次性的特征以及较强的外部性特征,使得市场提供环境服务的动力不足,从而造成环境公共物品和公共服务供不应求。因此,各级政府应承担向辖区居民提供良好环境的职能,由政府保护生态和治理环境。

就基本属性来看,环境财政转移支付也是一种财政支出,只不过是一种通过地方政府或基层政府进行的间接支出,其根本目的是向我国各地区的居民更好地提供环境福利。就其必要性来看,由于我国各地区拥有的资源禀赋和经济社会条件差异较大,同时又由于我国根据环境容量等客观条件实行主体功能区规划战略,确定各地区的经济价值和生态价值,区域之间经济社会发展不平衡及区域内部经济社会发展与环境治理和生态保护之间的矛盾必然会产生。为实现区域均衡发展、环境基本公共服务均等化目标,构建科学合理的生态环境补偿机制,对生态保护地区进行必要补偿就显得尤为必要和紧迫。环境财政转移支付是实现生态补偿机制最为重要的方式之一。

---

① 刘京焕,陈志勇,李景友.财政学原理[M].北京:高等教育出版社,2011:241.

(二) 环境财政转移支付的作用

环境财政转移支付作为一种政府支出,其根本作用和目的是为辖区居民提供高质量的环境公共服务。具体而言,其主要作用体现在以下四个方面。

1. 弥补地方政府的环境财政收支缺口

同其他领域类似,我国目前在生态环境领域还没有科学划分政府和市场的界限,对各级政府间环境事权和支出责任也仅是进行初步划分。在当前分税制条件下,中央政府和地方政府之间在财权、财力以及环境事权方面存在严重的不匹配现象。地方政府财力有限却承担了较多的环境治理支出责任,不可避免地造成环境财政收支缺口。为缓解地方政府财政压力,平衡各地财力,保障生态保护和环境治理所需资金,中央政府对地方政府进行转移支付,可以较好地起到弥补地方政府环境财政收支缺口的作用。

2. 降低环境基本公共服务在辖区间的不均等程度

由于各地经济发展水平、拥有的资源禀赋和自然条件以及基本公共服务供给成本等等各不相同,各地存在着显著的区域异质性。同时又由于各地区的财政收支状况有着较大区别,各地方政府为辖区居民提供的环境基本公共服务的水平和质量也显著不同,特别是具有区域性特征的基本公共服务。环境公共服务在各辖区之间会出现程度不同的不均等现象。经济发达地区的基本公共服务数量和质量均要显著高于经济落后地区。此外,区域性公共服务的受益范围和其供应成本几乎不能保证一致性,地方政府会因此减少环境公共服务的供给数量,使得环境基本公共服务的供给不能满足需求。与之相对应,因环境污染带来的负外部性,地方政府可能会低估环境治理的成本,可能使污染更加严重。实践证明,通过构建环境财政转移支付制度,中央政府不仅可以有效纠正环境基本公共服务具有的外部性,而且可以很好地协调地方政府间的经济社会关系,促进区域间环境基本公共服务的均等化。

3. 促进经济社会落后地区的绿色 GDP 增长

在一个国家特别是大国之中,各地区所拥有的资源禀赋和发展条件千差万别,经济社会发展的起点高低各不相同,因此各地区之间经济社会发展不平衡。这种不平衡会引发诸多经济社会问题,包括阻碍全国统一市场的形成,对最终实现共同富裕产生不利影响。实践证明,借助转移支付制度的调节作用,财政资金的边际效用得到增强,可以有效弥补落后地区发展的财政缺口,减轻其财政压力,为其实行财税优惠政策提供更大空间,促进落后地区的经济发展,从而解决发展不平衡的问题。更为重要的是,支持环境保护的财政转移支付的规模在扩大、结构在优化,可以在很大程度上改变地方政府"GDP至上"旧的发展模式。随着新发展理念的贯彻,越来越多的地区开始坚信"绿水青山就是金山银山"的发展理念,更加注重地区绿色发展,更加注重生态文明建设和不断增加GDP中的生态价值比重,"绿色GDP"成为各地区所追崇的目标,环境质量同步得到改善。

4. 减轻政府间竞争带来的环境污染,提升环境质量

在传统的以GDP指标作为对地方政府官员进行绩效考核的制度条件下,各个地方政府采取各种财税优惠政策招商引资,竞相发展经济,甚至不惜牺牲环境,最终造成资源浪费和越来越严重的环境问题,阻碍了经济社会的可持续发展。对此,改革完善环境财政转移支付制度和预算管理制度,不仅可以有效保障地方政府不断扩大的环境财政预算资金规模和不断提高的环境财政支出数量,还能够通过减轻地方政府财政收支压力,激励其调整产业结构,摒弃传统的通过牺牲环境资源吸引的税源,培育新的绿色税源,从而减轻环境污染,提升环境质量。

二、环境财政转移支付法律关系

环境具有不同的层次性和区域性特征,这就要求不同层级的政府承担不同的环境事权和支出责任。环境财政转移支付法律关系主要是指通过制定和执行相关法律法规使各级政府间环境财政转移支付关系法治化和制度化,规范不同层级政府间在环境领域的事权和支出责任。作为预算管理体制中主要的内容之一,政府间环境财政转移支付法律关系是和我国实行的财政制度和预算管理体制密切相关的,是随着我国预算管理体制改革而不断发生变化的。

我国预算管理体制和政府间财政关系经历了一个不断演变的过程。改革开放之前,我国实行的是计划经济体制和统收统支的财政管理体制。

这一阶段,地方政府是以中央政府的代理人身份存在的,财政上实行统收统支,各级政府间的财权、事权和支出责任没有明确的划分。环境治理和生态保护也不是那个时期的重要工作,也就不存在所谓的环境财政转移支付制度。改革开放之后,我国开始进行"利改税"等一系列财政制度改革,国家财政收入也由计划经济时期的企业上缴利润转变为上缴税收,统收统支格局逐渐被打破,地方政府逐渐拥有了属于自己的经济利益。同时,由于环境问题的外部性,地方政府对环境质量的影响越来越大。随着市场经济因素的增加,1994年我国开始进行分税制财政管理体制改革,按照财政联邦主义理论粗略划分了中央政府和地方政府的事权和支出责任,并按照事权和财权相匹配的原则要求大致划分属于中央政府和地方政府的税收收入。作为分税制的配套措施,政府间财政转移支付制度开始建立,其法律关系也开始受到关注。环境问题的凸显和财政制度的不断完善,客观上要求在法律框架内加强对地方政府的财政约束和政策激励,正确处理政府间环境财政转移支付关系,以加强对地方环境的监管,确保环境政策执行的有效性。①

为了均衡各地财力状况,提高地方政府的积极性,保障改革顺利进行,我国还初步确定了针对各省在过渡时期不同的转移支付和税收返还的方式。政府间的财政关系开始制度化,并逐渐趋于稳定。但由于我国实行的是分税制增量式改革,中央财政收入所占比重呈现持续上升趋势,地方政府承担了越来越多的支出责任,地方财政缺口不断扩大,中央政府对地方政府的转移支付力度和规模不断增大。为了更好地实现各级政府的环境治理功能,进一步厘清和明确政府间在环境领域的财权、事权和支出责任,政府间环境财政转移支付的关系就要在法律层面予以明确,形成稳定和规范的法律关系,不断提高法治化程度。

明确和规范政府间环境财政转移支付法律关系有着必要性和较强的现实意义。我国转移支付制度的典型特征是规模有限且随意性较大,特别是在中央政府对地方政府的纵向转移支付上,这一特征表现得更为明

---

① 张凌云,齐晔.地方环境监管困境解释:政治激励与财政约束假说[J].中国行政管理,2010(03):93-97.

显。随着我国全面实行依法治国,各级政府间的环境财政转移支付关系要依据法律和制度进行规范和确定,提高政府间环境财政转移支付关系的确定性、可预测性以及透明性,这会使得我国转移支付资金的使用更加有效。这一点是被西方发达国家的实践所证明的,如美国实行的《权力下放法案》、日本实行的《地方财政法》以及德国实行的《税收分配法》等。我国则是通过颁布实施《中华人民共和国预算法》对各级政府间的财政关系进行法律形式的规范和确定。

在生态保护和环境治理过程中,明确各级政府的法律主体地位是环境财政转移支付制度建设的基本要求。由于环境公共服务具有不同的范围和层次性,必须首先明确各级政府在生态保护和环境治理中的法律主体地位,明确谁是补偿主体,谁是受偿主体。① 相对于其他主体来说,各级政府在生态保护和环境治理方面负有法律主体责任。不同主体在生态保护和环境治理方面所处地位不同,法律主体角色和法律责任也各不相同。相对来说,生态环境损害者应是补偿主体,生态环境受损者则是受偿主体,而提供生态产品的是受偿主体,享受生态产品的是补偿主体。② 需要强调,本书所指的各法律主体是各级政府,不包括非政府主体。环境财政转移支付法律关系具体包括中央政府对地方政府的补偿受偿关系和地方政府间的补偿受偿关系。

既然不同主体所承担的法律责任不同,那么还需要进一步从法律上明确各级政府所承担的具体环境事权和支出责任。这样不仅能明确各级政府在资源环境领域所负有的相关责任,而且能保障公民可享有的环境基本公共服务权利。新修订的《环境保护法》对中央政府和地方政府间的环境事权进行了划分,基本明确了承担各种环境事权的责任主体及其所承担的环境事权。具体而言,完全属于中央政府的环境事权是制定环境质量标准和污染物排放标准,完全属于地方政府的环境事权是生活废弃物的分类处置和回收利用,完全属于县乡基层政府的环境事权是农村环境公共服务和农村废弃物处置。而大部分环境事权则属于中央政府和省

---

① 潘佳. 生态保护补偿中政府角色的法律定位[J]. 中国行政管理,2018(07):25-30.
② 潘佳. 政府在我国生态补偿主体关系中的角色及职能[J]. 西南政法大学学报,2016(04):68-78.

级或市级地方政府的共有事权,具体包括:环境调查,监测预警,跨区域环境污染治理,海洋环境保护,清洁能源的生产和利用,重点污染物排放总量控制,突发环境事件处置,农村饮用水水源地保护,生活污水和其他废弃物处理,畜禽养殖和屠宰污染防治,土壤污染防治,工矿污染治理,污水处理设施及配套管网、固体废物的收集、运输和处置,等等。此外,我国对环境事权进行界定的相关法律,还有《大气污染防治法》《海洋环境保护法》《土地管理法》《矿产资源法》《水法》《农业法》等法律法规。

需要指出的是,现有法律法规对环境财政转移支付法律关系的规定碎片化比较严重,需要尽快对相关环境事权的规定进行有效整合,使之成为一个有机的整体,提高环境事权划分的法治化水平。

在支出责任上,中央政府通过本级环境支出,特别是环境财政转移支付等方式承担了大部分的环境支出责任,地方政府本级环境支出所占比重较小。这说明政府间环境财政转移支付在生态保护和环境治理方面发挥着不可替代的重要作用,明确且稳定的转移支付法律关系具有必要性和重要性。

此外,我国生态功能区域主要分布在中西部地区,而这些地区整体经济发展水平大都不高。如果进行严格的生态保护和环境治理,必然会影响到这些地区的经济社会发展速度。同时,由于当地经济发展水平有限,这些地区的财政收入水平也受到很大的限制。为了保障和均衡地方政府财力,促进基本公共服务均等化等目标的实现,中央政府以及有关地方政府对承担生态保护功能和环境治理职责的地方政府进行环境方面的转移支付显得更为必要。更重要的是,为保障转移资金的连续性和稳定增长,相关责任主体的资金安排、使用、监督以及绩效评价也需要用法律来规定和约束。这些共同构成了我国政府间环境财政转移支付法律关系。

三、我国环境财政转移支付的实践

我国环境财政转移支付的实践是在实行分税制财政管理体制以后,随着转移支付制度的建立、改革和完善,逐步展开和实施的。整体上,我国转移支付制度的实践大致可以划分为以下几个阶段。

（一）过渡阶段（1995—2001年）

这一时期，考虑到我国国情，全面实行规范的转移支付制度的条件还不具备，因此财政转移支付主要用来提高少数民族地区和贫困地区的公共服务水平。具体做法是综合考虑各地区影响其收支的主要因素，从而计算出各地区的标准收支差额，由中央政府从增加的收入中拿出一部分资金对少数民族地区和贫困地区进行无偿转移，以均衡这些地区的财力。在这一阶段，转移支付制度的实施缩小了这些地区的财力差距，为我国转移支付制度的规范化提供了良好经验，促进了我国转移支付制度的建设和发展。但作为一种重要制度，转移支付制度不论在具体的技术方法方面，还是在相关的法律法规、流程方面，都还远远不成熟、不完善。

（二）发展阶段（2002—2011年）

2002年，我国实行所得税收入分享改革，中央把因此而增加的收入全部用于一般性转移支付，并建立了一般性转移支付稳定增长机制，在缩小地区间差距方面发挥了巨大作用。具体做法是，根据既定相关主要因素确定各地标准收支并乘以相应的转移支付系数，据此计算出各地区的一般性转移支付数额；根据各地区收支状况，进行不同的转移支付制度设计。① 在转移支付系数的确定方面，应充分考虑全国转移支付总额、各地区收支情况及其困难情况，对贫困地区和少数民族地区则相应提高转移支付系数。此外，还设置了多项政策性转移支付以配合和支持中央政府实行的一系列政策。

这一阶段，我国转移支付规模迅速扩大，转移支付制度不断规范，具体表现在：转移支付方法不断增加，公式化程度不断提高，转移支付方式不断完善，转移支付结构不断优化，逐渐形成了以一般性转移支付和专项转移支付为基础的格局。② 但这一阶段的转移支付制度还存在着计算方法粗放，规则和程序不规范、不合理、不完善的问题，主要表现在：人为主观因素影响仍然较大，一般性转移支付不仅比重过小而且极不规范，各种专项转移支付过多，所占比重过大，碎片化严重。这使得有限的财政资金

---

① 贾晓俊.新中国转移支付制度回顾与展望:[J].商业时代,2010(11):84-85.
② 郑浩生,陈钰玲,王娟.财政转移支付制度的价值维度、现实困境与路径研究:基于国家治理现代化的视角[J].天津行政学院学报,2018(03):69.

过于分散,不能发挥合力作用,从而影响了政策的效果和既定目标的实现。特别是,一般性转移支付的增长机制虽初步建立,但是转移支付稳定增长机制仍然没有建立,还不能很好地保障各地区各领域的发展对资金的需求。

(三) 完善和深化阶段(2012年至今)

以中国共产党第十八次全国代表大会提出建立现代财政制度为标志,我国进行了新一轮的财政制度改革。改革的主要内容之一就是要加快财税体制改革的步伐,完善中央政府和地方政府财力与事权相匹配的体制。针对转移支付存在的各种问题,我国持续进行了财政管理体制的改革,完善和深化转移支付制度。

党的十八届三中全会在《中共中央关于全面深化改革若干重大问题的决定》中明确提出要完善一般性转移支付增长机制。一是继续保证对贫困地区、少数民族地区以及边疆地区和革命老区的转移支付数额的稳定增长。近些年来,为加快革命老区、民族地区、边疆地区和贫困地区的发展,中央政府对这些地区的转移支付一直持续稳定增长。二是保证一般性转移支付规模和所占比例不断扩大和提高,均衡各地区财力,使得地方政府,特别是基层政府,能够充分利用自身优势为辖区内居民提供高质量的公共服务,不断提升基本公共服务均等化水平。2015年下发的《国务院关于改革和完善中央对地方转移支付制度的意见》明确提出加大一般性转移支付的比重,给予地方政府更大的资金使用自主权。三是更好地发挥一般性转移支付的调节作用,从而弥补地方政府为有效贯彻中央政府的相关政策而形成的财政缺口,减轻地方政府财政压力。

中央政府根据环境专项转移支付项目的性质和目的,实行不同的政策,对不符合经济社会发展和环境治理要求的转移支付项目及时进行清理,将属于地方政府的数额相对稳定的转移支付项目划归到一般性转移支付中。此外,中央政府还采取严格控制引导类专项转移支付项目、逐步取消竞争性专项转移支付项目等措施。

从政策效果看,我国专项转移支付的结构不断优化,专项转移支付所占比重大幅下降,同时也从体制上保证了一般性转移支付所需资金,扩大了一般性转移支付的作用空间,很好地发挥了转移支付制度的调节作用,取得了良好的经济社会效益。在专项转移支付中,节能环保支出所占比重较大,因此,节能环保转移支付支出受到较大影响。① 我国转移支付制度正不断走向规范和深化,特别是实行了新的预算科目,增加了环境保护支出类科目,这不仅完善了分税制财政管理体制,而且保证了环境财政转移支付所需资金,有力地促进了生态保护和环境治理,同时也促进了现代财政制度目标的实现。

第二节 中央对地方环境财政转移支付制度

一、中央对地方环境财政转移支付概述

理论上,转移支付制度作为财政制度的重要组成部分,在促进地方经济社会均衡发展,维护和改善社会公平以及实现"财政公平"②方面发挥着重要作用。环境财政转移支付制度是一种公共物品,有其特定的需求者和供给者。从制度安排的目的来看,实行环境财政转移支付制度是为了使地方各级政府拥有相应的财力,可以更好地为辖区内的需求者提供环境基本公共服务,从而保障辖区内居民享受到均等化的环境基本公共服务,最终实现辖区收入分配公平和社会福利均等目标。

所有财政转移支付制度在构建时都必须满足两个要求。一是制度安排能否更好地实现需求者预期的目标。这就要求转移支付制度的安排不能偏离需求者的预期目标。二是要符合和具备财政转移支付制度发挥作用的基本条件。这要求政府在进行财政转移支付制度安排时,必须首先创造和完善财政转移支付制度所需要的制度环境。只有既有利于实现需求者的预期目标,又具备转移支付制度发挥作用的基本条件,财政转移支付制度才能充分发挥其应有的作用,更好地满足辖区内居民对基本公共

---

① 陈鹏,逯元堂,吴舜泽.转移支付制度改革对政府环保支出影响分析[J].生态经济,2015(04):119.

② Jeff Petchey, Sophia Levtchenkova. Fiscal Equalisation in Australia: Proposals for an Efficiency-based System[J]. Economic Papers, 2004(02):189.

服务的需求。这两个要求缺一不可,同时也成为财政转移支付制度是否有效的判断标准,以及政府改革和完善转移支付制度的标准。当然,基本公共服务需求者预期目标是否能够实现,在相当大的程度上,还会受到转移支付制度发挥有效作用的基本条件与预期目标契合程度的影响。如果契合程度较高,则会促进财政转移支付制度作用的有效发挥;反之,则可能使预期目标的实现困难重重。地方政府财政能力与分布状况,以及政府间财政关系状况是影响转移支付制度安排的主要因素。我国环境财政转移支付制度,也需要满足同样的要求,才能保证政府间转移的财政资金的绩效,更好地发挥转移支付制度的生态保护和环境治理作用。

生态保护和环境治理具有地域性特征,这在客观上要求地方政府承担更多的环境事权和支出责任,但其中存在着诸多不公平及不平衡。一方面,从社会发展的全局看,生态保护和环境治理所带来的环境质量改善不仅影响特定地域,还会使其他地区受益。这样就会出现成本承担者和受益者主体不一致的现象。另一方面,从生态保护和环境治理的预设目标看,地方政府在生态保护和环境治理过程中不仅因承担较多环境事权和支出责任而背负巨大的财政压力,还放弃了诸多发展地方经济的机会。而且生态保护和环境治理任务较重的区域,也往往是经济欠发达、政府财力较弱的区域。为解决这些不公平的问题,实现均衡发展,实践中,通常由中央政府安排财政资金,通过转移支付制度补偿供给生态产品的地方政府,以支持地方政府进行生态保护和环境治理。

我国各地拥有的资源环境承载力以及经济社会条件具有很大的差异性。为了实现区域之间的均衡发展,依据我国现阶段经济发展水平和国土空间规划等相关理论,我国在 2006 年公布的《国民经济和社会发展第十一个五年规划纲要》中正式提出了推进形成主体功能区的规划。规划要求根据资源环境承载能力、现有开发密度和发展潜力,统筹考虑未来我国人口分布、经济布局、国土利用和城镇化格局,将国土空间划分为优化开发、重点开发、限制开发和禁止开发四类主体功能区;按照主体功能定位调整完善区域政策和绩效评价,规范空间开发秩序,形成合理的空间开发结构;对不同的区域实行不同的分类管理政策。2010 年我国正式实施全国主体功能区规划战略。如果没有公共财政的支持,没有构建相应的转移支付制度,全国主体功能区规划战略的实施和功能定位会受到很大的扭曲。[①] 因此,积极探索和培育政府间财政资金合作方式就显得十分必要。

《国务院关于编制全国主体功能区规划的意见》(以下简称《意见》)明确提出,实现主体功能区定位要调整完善财政政策,以实现基本公共服务均等化为目标,完善中央和省以下财政转移支付制度,重点增加用于限制开发和禁止开发区域公共服务和生态环境补偿的财政转移支付,逐步使当地居民享有均等化的基本公共服务。《意见》特别强调了转移支付制度在生态环境保护、最终实现基本公共服务均等化目标中的作用。《国民经济和社会发展第十二个五年规划纲要》将主体功能区建设上升为国家战略,并具体明确了主体功能区的主要内容及发展方向,要求:"基本形成适应主体功能区要求的法律法规和政策,完善利益补偿机制。中央财政要逐年加大对农产品主产区、重点生态功能区特别是中西部重点生态功能区的转移支付力度,增强基本公共服务和生态环境保护能力,省级财政要完善对下转移支付政策。"《国民经济和社会发展第十三个五年规划纲要》则提出了进一步的要求,"强化主体功能区作为国土空间开发保护基础制度的作用,加快完善主体功能区政策体系,推动各地区依据主体功能定位发展","根据不同主体功能区定位要求,健全差别化的财政、产业、投资、人口流动、土地、资源开发、环境保护等政策,实行分类考核的绩效评价办法","加大对农产品主产区和重点生态功能区的转移支付力度,建立健全区域流域横向生态补偿机制"。

按对各类主体功能区的定位和要求不同,各类主体功能区承担的经济社会环境发展责任各不相同,会对各主体功能区的经济社会发展水平带来不同的影响[②],从而产生各地方政府财政能力的差异和环境等基本公共服务均等化水平的差异。这为中央政府充分利用转移支付制度均衡各地财政能力,促进环境基本公共服务均等化提供了必要性。目前中央对

---

① 徐丽萍,孙文明. 主体功能区生态预算系统合作机理研究[J]. 中国工业经济,2013(07):18.

② 冯海波,陈旭佳. 主体功能区建设与均等化财政转移支付:以广东为样本的研究[J]. 华中师范大学学报(人文社会科学版),2011(03):52.

地方环境财政转移支付制度主要就是依据我国主体功能区规划战略进行改革和不断完善的。

实践中,我国环境财政转移支付制度包括一般性转移支付制度、专项转移支付制度、税收返还制度以及原体制补助制度等。转移支付方式包括中央对地方一般性转移支付和环境专项转移支付两种。一般性转移支付制度,是为提高国家重点生态功能区等生态功能重要地区所在地政府的基本公共服务保障能力,引导地方政府加强生态环境保护而设立的。环境专项转移支付制度,是为支持地方进行生态保护和环境治理而设立的。

实践中,环境财政转移支付方法多采用因素法进行标准和额度的确定。主要考虑的因素一般包括地方政府或下级政府的财政能力状况、地方政府或下级政府提供环境基本公共服务的供给成本额度及转移支付的规模大小。根据基本公共服务均等化的要求,中央政府对地方政府或者上级政府对下级政府进行转移支付,都必须保证各地区居民均能享受到大致相同的环境等基本公共服务。

当然,现有的环境财政转移支付制度不论是在规模、结构还是在作用方面,都迫切需要进一步改革。在未来的改革中,均衡各地方政府的财力,促进环境基本公共服务均等化,应是中央对地方环境财政转移支付制度改革的发展方向和目标。

二、基于环境保护的中央对地方一般转移支付

从理论上看,一般性转移支付制度的设计,最初的主要目的就是均衡各地方政府之间的财力,以促进各地基本公共服务均等化和经济社会均衡发展。而实践也证明,作为分级分税财政管理体制重要的配套措施,中央对地方一般性转移支付在稳定经济社会发展、促进环境等基本公共服务均等化方面确实发挥了重要作用。近些年,根据建立现代财政制度和不断深化财税体制改革的要求,我国也在不断调整和完善环境财政转移支付制度。尤其是在预算功能支出类中专门增加了转移支付类,并在支出因素中增加和强调了环境保护方面的因素,为生态保护和环境治理提供了坚实的制度保障。通过清理、归并和压缩专项转移支付规模,以均衡

地方财政能力为目标的一般性转移支付规模不断增加,转移支付结构不断优化。通过改革转移支付方式、完善资金管理制度和强化问责机制,转移支付资金使用效益不断提高。

中央对地方基于环境保护的一般性转移支付制度,总体上是以《中央对地方均衡性转移支付办法》和《中央对地方重点生态功能区转移支付办法》的规定为基础。随着转移支付制度的完善,为了更好地配合新一轮的财税体制改革,激励地方政府提供高质量环境等基本公共服务,中央对地方的一般性转移支付规模迅速扩大。据统计,2019年中央加大对地方转移支付力度,总计安排转移资金75 399亿元,增长率达9%。其中一般性转移支付67 763.1亿元,专项转移支付7 635.9亿元,主要用于促进地区协调发展,支持提供环境等基本公共服务和民生事业发展。但是中央对地方一般性转移支付还存在诸多问题,例如,收支标准的确定方式有待改进,选取的影响因素可能导致经济发展水平高的地区获得的转移支付资金多,经济发展水平落后的地区得到的财政转移支付资金反而少。对此,中央政府近些年也采取了相应的改善措施,如加强环境因素在转移支付资金分配中的权重等。

从财政收支科目来看,中央对地方一般性转移支付主要是对重点生态功能区的转移支出、保障县级基层财政财力的转移支出以及对产粮产油大县奖励性的转移支出,同时一般性转移支付的结构也在不断优化。以地区结构为例,近些年,中央加大了对中西部地区和重点生态功能区的转移支付力度。据统计,中西部地区获得的生态功能区转移支付规模占近70%①,并且还在不断增长。这在很大程度上缓解了中西部地方政府特别是基层政府的财政压力,很好地促进了重点生态功能区的保护和发展,促进了中西部地区基本公共服务的均等化发展。从转移支付支出功能结构看,对重点生态功能区、能源和资源节约以及减排和污染治理方面的转移支出增长较快,所占比重较大。

为贯彻党中央、国务院要求,落实绿色发展理念,推进生态文明建设,

---

① 伏润民,缪小林.中国生态功能区财政转移支付制度体系重构[J].经济研究,2015(03):48.

引导地方政府加强生态环境保护,提高国家重点生态功能区等生态功能重要地区所在地政府的基本公共服务保障能力,中央财政专门设立了重点生态功能区转移支付,并于2011年开始实施,每年根据实际情况进行更新。2018年发布的《中央对地方重点生态功能区转移支付办法》(以下简称《办法》),具体规定了转移支付的四大类范围,以公平公正、公开透明、分类处理、重点突出、注重激励、强化约束为原则进行资金分配。《办法》还规定了转移支付资金的计算公式,主要是对影响财政收支的客观因素进行测算。具体的计算公式为:某省转移支付应补助额＝重点补助＋禁止开发补助＋引导性补助＋生态护林员补助±奖惩资金。如果测算的转移支付应补助额少于该省上一年转移支付预算执行数,中央财政将按照上一年转移支付预算执行数下达。《办法》进一步对重点补助对象、禁止开发补助对象、引导性补助对象、生态护林员补助对象以及奖惩资金对象做了具体的规定,并对重点生态功能区所在地的当地政府、地区及地方财政部门在资金的安排、使用以及监督等方面提出具体的要求。虽然存在诸如奖惩机制较为粗化、县级财政收支缺口测算方法存在缺陷等问题[①],但《办法》仍为重点生态功能区建设所需资金提供了政策保障。

近些年,我国用于能源资源节约和保护方面的支出规模不断扩大,虽然中央政府本级支出所占比重不大,但是中央政府对地方政府相关方面的转移支出所占比重较大,在全国生态恢复保护支出中平均达到80%。支出对象主要包括能源节约、资源保护和循环经济发展等方面;增加了减少污染物排放和污染治理方面的支出,主要用于我国大江大河以及重点流域和区域的减排和污染治理方面的基础设施建设;增加了农村环境污染治理方面的支出,主要用于农村及小城镇的环境保护、污染治理以及环境保护方面的基础设施建设、农村环境综合整治以及环境保护宣传等方面。农村环境保护具有不同于城市的特有问题,主要表现在:农村环境保护治理基础设施薄弱;农民文化传统、习惯不易改变,导致环保意识不强;农村环境破坏和污染状况日趋严峻,但因财政资金有限,治污工程效果有

---

① 钟大能.推进国家重点生态功能区建设的财政转移支付制度困境研究[J].西南民族大学学报(人文社会科学版),2014(04):125.

限。因此，各级政府应充分结合农村环境治理的特点，在不断扩大中央对地方环境财政转移支付规模的同时，必须要重点考虑两个问题：一是采取何种转移支付方法才恰当，二是如何提高财政资金使用效用。

从税收返还的角度看，我国在1994年进行的分税制改革，是按照"不动存量、调节增量"的增量改革原则进行制度设计，并且是以1993年中央从各地净上划的收入为基数，规定以后各年中央政府对地方政府的税收返还数额，并在此基础上逐年递增，采用"一个地方一种政策"的方法进行税收返还。这种不规范的转移支付制度看似公平，实际效果却与制度设计的初衷相去甚远，不仅没有均衡地方政府间的财力，反而拉大了地方政府间的财力差距。与此相类似的，还有原体制补助。由于体制补助的标准和方法不合理，财力落后的地区不仅没得到转移支付，反而要上解一部分给中央政府，这进一步拉大了地方政府间的财力差异，加剧了不均衡程度。因此，要对税收返还和体制补助等相关制度进行改革，适当降低税收返还和体制补助中体制因素和既得利益因素的比重，逐渐增加地区财力状况因素和环境等基本公共服务均等化因素的权重，从而使得环境财政转移支付制度更加完善，作用更加有效。

目前，省级政府间和省级政府以下的基层政府间的环境事权和支出责任依然没有明确划分，导致政府在生态保护和环境治理领域的作用不能恰当地发挥，时常出现"缺位"或"越位"的现象。此外，我国相关法律法规不健全，使得我国政府间的转移支付制度在制定和执行的时候，缺乏法律基础。转移支付规模、标准和方式等方面的不确定，降低了转移支付制度的规范程度。由于缺少法律监督机制，财政转移资金的绩效受到了严重的影响。这些都是未来转移支付制度改革需要关注的重要问题。

三、中央对地方环境财政专项转移支付制度

政府间财政专项转移支付是指政府为了实现某种经济社会目标而发生的财政资金的转移。中央对地方环境财政专项转移支付的目的，主要是增加地方政府生态保护和环境治理的财力，鼓励和引导地方政府进行生态保护和环境治理。

根据财政部预算司编制的《2020年政府收支分类科目》，有关节能环

保类支出科目,主要包括环境保护管理实务支出等15个方面;此外,国土资源管理以及农业、林业、水利等部门也有生态保护和环境治理方面的支出。上述财政节能环境保护类支出可以划归为三大方面,除了主要以生态功能区转移支付为代表的中央财政对地方的一般性转移支付外,环境财政专项转移支付主要有农林水事务专项转移支付(农业、林业、水利、扶贫和农业综合开发以及农村综合改革支出等方面的资金转移)和节能环保专项转移支付(生态保护修复、资源能源节约、减少污染物排放、污染治理等方面的资金转移)两个方面。[①] 当然,随着经济社会发展,我国每年会对这些环保支出分类科目进行相应的调整。但不论如何变化,中央政府都需要准确把握地方政府节能环保支出总额,从而在整体上为中央对地方进行环境转移支付提供数量依据。

专项转移支付既包括配套的专项转移支付,又包括非配套的专项转移支付。其中,配套的转移支付又分为无限额配套专项转移支付和有限额配套专项转移支付。而非配套的专项转移支付是指中央政府或上级政府对规定支出项目提供固定数额的资金补助,由受援地政府自主安排支出,地方政府不需要提供配套资金。一般而言,非配套的专项转移支付适用范围是受益地区外溢性较强的领域,或者受援地政府有很大的财政困难。因为这种方式能更好地促进生态和环境等外溢性较强的地方性或者区域性公共物品的供给,增加生态和环境公共服务的规模收益。但是,要考虑如何增强受援地政府的用款责任,如何有效避免"粘蝇纸"效应导致的资金浪费。要加强对这部分财政资金的监管,完善绩效评价体系,降低项目的供给成本,尽量提高财政资金效益。

中央对地方的环境财政专项转移支付按项目分配资金的方式虽有其优点,但也有很大的弊端。为更合理地分配财政资金,应按照具体的影响因素及其重要性设置每一种因素所占权重,合理进行财政资金的分配,打破原有主要按项目分配资金的模式,完善环境财政转移支付制度。

近些年,中央对地方的环境财政专项转移支付不仅资金规模迅速扩

---

① 史丹,吴仲斌.支持生态文明建设中央财政转移支付问题研究[J].地方财政研究,2015(03):74.

大,而且资金分配更具有针对性。同时,这部分资金每年都会提前下达到各地区,保障各地区生态保护和环境治理的资金需求,使财政资金效益得到大幅度提高。例如,中央对地方减排治污方面专项转移支付资金规模在全国减排治污支出总额中占比将近50%,为全国生态保护、环境恢复以及污染治理提供了资金保障,引导和鼓励了地方政府充分履行节能环保职能。需要强调的是,要对环境财政专项转移支付进行绩效评价,要合理设计绩效考核指标,优化考核方法,并加强监管,提高资金效益。

第三节 以生态恢复补偿为中心的横向环境财政转移支付制度

一、省级政府间的横向环境财政转移支付制度

省级政府间横向环境财政转移支付是政府间的财政资金横向转移的一种重要形式,是生态横向补偿机制的一种具体表现。生态补偿最初是用于恢复生态系统,后来发展为生态保护和环境治理的一种经济措施。与中央政府对地方政府的纵向转移支付不同,省级政府间的横向转移支付主要贯彻的是公平原则。理论上,作为一种基本公共服务,环境保护具有较为明显的正外部性。个体成本和个体收益的不一致性往往会导致环境公共服务供给不足。针对这一情况,通过省级政府间的横向转移支付,由环境受益的一方对环境公共服务供给的一方进行相当数量的补偿,或者由环境损害者向环境受损者进行补偿,从而使个体承担的成本与其收益一致。这不仅能够提高环境公共服务供给的积极性,而且能够解决由于环境公共服务外溢造成的不公平问题,从而较好地解决生态保护和环境治理的问题,促进区域间在生态保护和环境治理方面的协调与合作。

我国并不存在真正意义上的省级政府间的横向转移支付制度,但是在实践中却存在着省级政府间的定点帮扶或者省级政府间的资金往来。例如,在中央政府的统筹协调安排下,21世纪初我国省级政府间开展的多种形式的对口支援。2001年出台的《关于实施西部大开发若干政策措施

的通知》开始要求地区之间开展协作与对口支援。目前,项目式的对口支援制度逐渐形成,其实质也就是省级政府间的横向转移支付。其中,比较有代表性且规模较大的对口支援包括对口援藏项目、对口援疆项目、对三峡建设以及地震灾区的对口援助等,都发挥了类似横向转移支付的作用。虽然这些援助项目规模巨大,在一定程度上弥补了当地环保资金的不足,很好地体现了中央政府统筹协调区域发展的指导思想,但这类项目还不算是专门的横向环境财政转移支付项目,生态保护和环境治理的资金所占比重也较小、规模还很有限。

从主体功能区规划战略来看,各省级人民政府发展的潜力和承担的职责也各不相同。整体上,东部地区属于重点开发或优化开发区域;而西部地区大都属于矿产资源丰富地区、大江大河源头和上游区域、划定重点生态功能区的区域,这些地方的生态保护和环境治理关乎全国环境和生态安全。实际情况是,一方面,西部地区多数经济相对欠发达,但是基于环境保护的需要而限制开发或禁止开发;另一方面,西部地区仅依靠地方财力和中央财政转移支付进行生态保护和环境治理,还存在相当大的资金缺口。鉴于生态保护和环境治理具有明显的外溢性特征,根据受益性原则,我国应不断建立和完善生态补偿的横向转移支付制度,作为纵向转移支付的有益补充,在生态关系密切的区域之间建立起生态服务的市场交换关系,从而使生态服务的外部效应内在化。对此,有学者提出,结合我国具体情况,可以用横向生态转移支付纵向化的方法来解决该补未补等不公平和低效率的问题。①

二、重点生态功能区的横向环境财政转移支付制度

21世纪初,我国就提出了生态保护的指导思想、目标和任务;2005年,在不断完善生态保护和补偿政策的同时,多地开展生态补偿试点工作;2006年,我国明确提出了生态补偿原则,以加强生态功能区建设。此后,相关政策不断完善,生态文明体制改革背景下不断深化的生态保护

---

① 罗志红,朱青.构建我国生态补偿机制的财税政策探析[J].华东经济管理,2010(03):33.

战略部署和制度框架逐渐形成,我国开始实行最严格的生态保护制度。其中,重点生态功能区建设是我国建设美丽中国、进行生态保护和环境治理的重要战略举措。

重点生态功能区是我国主体功能区战略规划的重要组成部分,其面积占我国国土总面积的40%以上。因此,重点生态功能区在我国生态文明建设和生态安全维护方面发挥着关键作用。2011年国务院印发的《全国主体功能区规划——构建高效、协调、可持续的国土空间开发格局》针对国家重点生态功能区做出了具体而明确的定义。所谓国家重点生态功能区,是指承担水资源涵养、水土保持、防风固沙和生物多样性维护等重要生态功能,关系全国或较大范围区域的生态安全,需要在国土空间开发中限制进行大规模高强度工业化城镇化开发,以保持并提高生态产品供给能力的区域。国家重点生态功能区具体分为水源涵养型、水土保持型、防风固沙型和生物多样性维护型四种类型。

财政部在2011年制定了《国家重点生态功能区转移支付办法》,使我国环境财政转移支付制度更加完善,也更具有操作性。为规范转移支付资金的分配、使用和管理,发挥财政资金在维护国家生态安全、推进生态文明建设中的重要作用,2017年财政部印发《中央对地方重点生态功能区转移支付办法》,为重点生态功能区横向转移支付制度的建设提供了良好的制度基础。按照相关要求,各级政府为确定的重点生态功能区构建了不同层级的生态补偿机制,以保证生态功能区建设的资金需求。而完善的转移支付制度则是生态补偿机制有效发挥作用的基础。

重点生态功能区属于禁止类和限制类开发的区域,其受益范围具有明显的区域性特征。按照"谁受益,谁补偿"等转移支付制度设计的基本原则,应由所有受益的地区对重点生态功能区的地方政府提供补偿,亦即是进行生态横向转移支付,从而全面协调地方政府间的经济利益关系,促进地方政府间良性竞争和地方经济高质量发展。从性质上讲,生态横向转移支付是横向生态补偿机制的重要内容,也应更注重效率要求。[①] 目

---

① 陈挺,何利辉.中国生态横向转移支付制度设计的初步思考[J].经济研究参考,2016(58):38.

前,我国横向转移支付体系还没有真正建立,这已经对地区之间的协调和可持续发展形成了严重的制约。作为转移支付体系的重要组成部分,重点生态功能区横向环境财政转移支付制度的建设已显示出重要性和紧迫性。

诚然,重点生态功能区转移支付制度在生态文明建设、生态保护和环境治理方面都发挥了重要作用,但也要看到该制度还是以纵向转移支付为主要形式,横向转移支付才刚刚起步。横向转移支付制度的补偿标准、转移支付规模、资金分配标准和分配方法都存在着不少需要改进的地方,特别是转移支付资金的绩效还较低。有部分重点生态保护区域的环境质量出现下降,可能是重点生态功能区转移支付制度不完备所导致的结果。

三、流域横向环境财政转移支付制度

流域横向财政转移支付是指在一个流域内的各级政府之间的财政资金转移,可以是指在一个省级行政区管辖下的各级基层政府之间的横向转移支付,也可以是指省级政府间横向转移支付,前者是后者的细化和重要补充,两种情况共同构成流域横向财政转移支付整体。本书所指的流域横向环境财政转移支付制度,既包括流域内省级政府之间的横向环境财政转移支付制度,又包括流域内省级政府辖区内各级基层政府之间的横向环境财政转移支付制度两个方面。从协调难易程度看,由于各级基层政府都处于同一个省级政府辖区内,各级基层政府之间的横向环境财政转移支付制度更容易安排,也更有效。相较而言,省级政府间的横向环境财政转移支付制度的安排就显得更困难,政策成效显现也更慢。

从整个流域看,例如黄河、长江等大江大河流域,大都分为上游、中游和下游,并且一般是按照江河的流向进行功能定位和责任划分。上游或者中游的定位主要是进行生态保护,一般属于限制甚至禁止开发区域。从基本公共服务的角度来看,上游地区或者中游地区进行生态保护,会产生环境外溢,在本地环境质量改善的同时,也会对流域内的其他地区产生正的外部性,故上游地区或者中游地区是环境公共服务的生产者,而中游或者下游地区则是环境公共服务的受益者。为了进行严格的生态保护和环境治理,上游或中游地区不仅承担了巨额的资金成本,更主要的是因此放弃了快速发

展经济、改善社会福利的机会,从而导致经济社会发展水平落后,区域之间的差异呈现不断扩大的趋势,这不利于基本公共服务均等化目标的实现。

按照"谁受益,谁补偿"的原则,环境公共服务的受益者——中下游地区应该对上游或者中游地区进行成本补偿,而这种补偿则应以流域内地方政府间横向财政转移支付的方式进行。2009年5月,国务院批转国家发展和改革委员会发布《关于2009年深化经济体制改革工作的意见》,提出要加快推进跨省流域生态补偿机制试点工作,开始构建流域内横向转移支付制度。经过多年的试点探索,我国虽然积累了一些经验,但要把试点工作经验推广到全国仍有很大难度,客观上需要在完善相关制度和法律的基础上,充分发挥中央对地方的纵向转移支付的作用,促进横向转移支付制度的建设。[①]

此外,流域内还可能存在重点开发或者优化开发区域、限制开发或者生态保护区域、生态产品供给区域和生态产品受益区域。这就要求重点开发或者优化开发区域通过横向转移支付的方式对限制开发或者生态保护区域进行生态补偿,以及生态产品受益区域通过横向转移支付对生态产品供给区域进行生态补偿,从而解决流域内生态环境公共服务的外溢问题。

对包含多个省级政府的流域,因牵涉流域内许多省级政府,这种流域内横向环境财政转移支付就需要在中央政府的协调和统筹安排下,就流域内省级政府间横向环境财政转移支付的目标和路径、补偿方式、补偿标准及其计算方法、奖惩机制等方面的内容进行确定和规范,协调流域内地方政府之间的关于生态保护和经济社会发展等方面的关系。关于目标和路径,应该以生态文明建设的要求为指导,在中央政府统一协调和统筹安排下,由流域内相关政府通过协商共同确定。补偿方式则是以流域内政府间横向环境财政转移支付为主,再辅以其他补偿方式。补偿标准则应根据生态环境公共服务的价值,或者根据生态服务供给区域发展的机会成本或其供给成本进行衡量;计算公式则可以根据补偿标准,综合考虑相关因素来确定。奖惩机制则可以在中央政府的统一协调下,流域内政府

---

① 孔凡斌.建立和完善我国生态环境补偿财政机制研究[J].经济地理,2010(08):136.

协商确定,并由中央政府进行监督管理。除了通过执行流域内政府间横向环境财政转移支付制度进行生态保护和环境治理,流域内政府间还可以通过设立基金的形式开展生态保护和环境治理方面的合作,这也是比较有效的做法。例如,由于张家口市处于北京市官厅水库和密云水库的上游,两个地方政府开展合作,由北京市对张家口市"稻改旱"进行补偿,同时建立合作基金,这些措施有效推进了污染治理和水资源节约使用。①

在流域内同一个省级辖区内,基层政府间横向环境财政转移支付制度中的补偿标准还很不规范、不合理,存在较大的随意性。因此,应尽快完善省级以下政府间转移支付制度。本书把省级政府流域内的以市县为主的各基层政府之间的转移支付作为流域内横向环境财政转移支付的内容之一,对其制度建设总结出一些要点。首先,要健全相关法律法规,使流域内本省区域横向转移支付有法可依,提高转移支付的合法性、规范性。传统转移支付相关的法律法规没有对流域内的转移支付进行规定,本省流域内的转移支付不具有统一规范,各地区之间大多按照传统习惯来进行转移支付,随意性强,这会引发很多的问题。因此,应尽快完善相关法律法规,最大限度地减少随意性,充分发挥转移支付在流域内环境治理方面应有的作用。其次,在合法的前提下应尽力增加省级财政收入,健全省级以下政府间转移支付制度。可以说,本省流域内横向转移支付在均衡流域内基层政府间的财力、促进本省流域内环境基本公共服务均等化等方面能发挥"打通最后一公里"的作用。再次,应构建和完善相关的激励和约束机制,合理引导转移支付资金进入生态保护和环境治理领域,在优化转移支付结构的同时,促进基本公共服务均等化目标的实现。最后,要持续完善横向转移支付绩效评价体制,不断提高流域内横向环境财政转移支付资金使用的规范性和效益,并可以和下一年度的预算挂钩,从而促进转移支付制度的良性发展。

基于流域内政府间关系多样的特点,仅仅依靠纵向转移支付显然是难以达到生态保护和环境治理的目标的。因此,流域内生态保护和环境治理的补偿,应通过构建合理的横向环境财政转移支付体系,并主要依靠

---

① 施文泼.从张家口的实践看如何完善生态补偿机制[J].中国财政,2013(06):48.

横向环境财政转移支付制度来发挥作用。相较而言,流域内政府间横向环境财政转移支付制度中,难以确定并且较为关键的是环境生态公共服务的供给主体和受益主体、流域内政府间补偿标准等问题。在我国,生态环境公共服务受益方和供给方之间的补偿市场化目前仅仅局限于若干试点地区,流域内的生态补偿也主要是以政府为主导进行的。例如,浙江省已经开展了省内地方政府间的流域生态补偿试点,从效果看,已经对流域范围内的生态保护起到了重要作用。①

当然,造成生态破坏、环境恶化的原因很多,既有各级政府发展理念差异的原因,也有分税制改革制度不完善的原因,还有生态环境公共服务供给主体和受益主体不明确以及缺乏统一的标准导致流域内政府之间的财政竞争等原因。其中财政竞争是影响环境质量的重要因素②,地方财政竞争和垂直型环境规制甚至会导致污染回流问题③,导致再度污染问题。因此,仅依靠环境财政转移支付制度还不能完全解决生态环境问题,中央政府应统一确定生态补偿的指导思想和基本原则,制定和实施环境保护方面的法律法规,进行统一协调和安排,通过进一步的财政体制改革,完善政府间财政关系,构建整体上由中央政府统一协调、以流域横向环境财政转移支付为主的转移支付制度体系,保证流域内政府间生态保护与经济社会发展的公平性、补偿机制的有效性。尤其是要构建科学合理的转移资金的绩效评价体系,以提高财政资金效益,真正解决流域内生态保护和环境治理的问题。

---

① 王德凡.基于区域生态补偿机制的横向转移支付制度理论与对策研究[J].华东经济管理,2018(01):63.
② 王敏,胡汉宁.财政竞争对中国环境质量的影响机理及对策研究[J].中国人口资源与环境,2015(10):166.
③ 沈坤荣,周力.地方政府竞争、垂直型环境规制与污染回流效应[J].经济研究,2020(03):36.

第六章 我国环境财政政策评估制度

自20世纪70年代我国开始制定和实施环境保护政策以来,环境财政政策在环境保护和环境治理过程中的作用越来越重要,如排污收费和环境保护税、中央和地方环境事权和支出责任划分、环境财政转移支付等相关的环境财政政策在实施过程中不断优化和完善。但从政策执行过程看,实践中存在"重政策制定和执行、轻政策评估"的现象,导致政策实施效果往往偏离政策制定的目标。为了解决这一问题,政府需要构建科学合理的环境财政政策评估体系,制定环境财政政策评估制度,以实现环境财政政策的预期目标。

第一节 环境财政政策评估制度概述

一、环境财政政策评估的含义和基本理论

(一) 环境财政政策评估的含义

环境财政政策是政府为了进行生态保护和环境治理,并向人们提供高质量的环境基本公共服务所采取的财税措施总和,包括环境财政支出政策、环境税收政策、环境财政转移支付政策以及环境财政政策评估在内的政策体系。其实质是政府对生态保护和环境治理活动的一种介入和干预。

环境财政政策评估,是指通过构建一系列的量化指标,具体用于对每一种环境财政政策效应、效果和效益进行考核,并将考核结果与预期目标相对比,从而对某一项环境财政政策进行评定和估算。可以看出,环境财

政政策评估的实质是对政府的生态保护和环境治理活动结果的评价和价值判断。在评估过程中确定及使用的评估原则、评估标准和指标、评估程序、评估方法及评估结果等,就构成了一个系统的环境财政政策评估体系。

环境财政政策的实施效果需要通过构建政策评估指标和体系进行科学合理的评估,从而发现现行环境财政政策的优点和不足,进而通过改革环境财政政策,更好地发挥其生态保护、环境治理作用。

(二) 环境财政政策评估的基本理论

环境财政政策评估所依据的基本理论是进行评估的基础和指导,是评估制度建设基本依据。环境财政政策评估的基本理论主要包括政策过程理论和绩效评估理论。

1. 政策过程理论

第二次世界大战之后,政治学学者在进行政府与公民直接关系的课题研究中,研究了与政策相关的问题。以此为基础,与政策科学相关的理论应运而生。政策科学学者中,以美国学者哈罗德·拉斯韦尔与丹尼尔·勒纳最为著名。他们二人合作编著了《政策科学:近来在范畴与方法上的发展》,标志着公共政策学的诞生。此后,公共政策学在世界范围内获得了较大的发展。公共政策学中关于政策的理论,成为今天我们研究公共政策评估的基础。

哈罗德·拉斯韦尔打开了研究视野,认为研究政府制定政策的过程,应以所研究问题为导向,广泛结合和吸收政治学、经济学、社会学和法学等学科的研究成果,将技术和价值目标相结合,利用技术手段实现既定目标。他首次提出政策过程理论,认为整个政策过程可以分为七个方面,分别是信息、建议、法令、试行、执行、终止和评估。[①] 其中,评估是指对政策结果的评估,其主要任务就是判断政策执行的效果是否和政策既定目标相一致。哈罗德·拉斯韦尔的研究强调了评估的程序,其成果为政策评估理论的发展奠定了坚实的基础。20世纪70年代,布鲁尔以前人的理论

---

① Harold D. Lasswell. A Preview of Policy Sciences[M]. New York:American Elsevier,1971:2.

为基础,提出了自己的观点。他认为政策过程主要包括六个方面,分别是开始、预评估、选择、执行、评估和终结。① 可以看出,布鲁尔不仅简化了哈罗德·拉斯韦尔的评估程序,而且强调了预评估的作用;他还把研究主体扩展到了政府之外的其他主体,并且静态地看待评估过程。这两位学者的研究成果为以后的评估研究和实务提供了新的思路和方法。后来的学者在此基础上,进行了持续的研究,不断推动政策科学理论研究的发展。

2. 绩效评估理论

自1929年大危机以来,西方各国奉行凯恩斯主义,政府职能不断扩大,但是其效率却饱受诟病,人们对政府信任度大大下降。特别是20世纪70年代石油危机爆发,西方国家发生了严重的财政危机。改革政府管理模式成为各国共同的愿望。在此背景下,如何科学合理地评估政府管理和政策,成为所有人都关注的重点问题。新公共管理运动风起云涌,在此过程中,产生了绩效评估理论。

绩效被定义为作为行为主体的组织或个人在其工作和活动中所取得的成就或产生的积极效果。② 理论上,绩效是管理学科中的概念,是指成绩与成效的综合,是一定时期内某类主体的工作行为、方式、结果及其产生的客观影响。它可用于评估该主体工作的完成情况和职能履行情况,分为组织绩效和个人绩效两类。近些年,绩效评估理论开始进入公共管理和政府政策评估领域,成为公共政策评估的一个基本理论依据。绩效评估的一个重要价值目标就是实现以经济、效率、效益为目标的评估,即"3E"评估。该理论很好地体现了"结果导向"的理念。西方学者认为,其核心的观点是"为结果而管理,而不是努力去完成那些被期望做的事",最重要的结果之一则是"使'顾客'满意"。③ 其中,责任机制、顾客满意和结果导向成为新公共管理理论中的核心理念,而这些理念都可以借助绩效评估的框架进行具体化,大大提升了可操作性,最后可以通过设计相应的标准来进行检验和衡量,从而达到提高管理效率的目的。

---

① Garry D. Brewer. The Policy Science Emerge: To Nurture and Structure a Discipline [J]. Policy Sciences,1974:240.
② 宋彭,王伟.西方政府绩效评估的理论、实践及启示[J].创新,2007(02):87.
③ Bardach. Eugene Getting Agencies to Work Together: The Practice and Theory of Managerial Crafts manship[M]. Washington D. C.: Brookings Institution Press,1998:84.

环境财政政策评估制度的基本理论依据除了政策过程理论和绩效评估理论,还有代理—委托理论、福利经济学理论和公共产品理论等,这里不再一一介绍。

二、环境财政政策评估制度发展历程与特征及成本

(一)环境财政政策评估制度的发展历程

新中国成立以来,经过几十年的发展,环境财政政策不断完善和成熟,逐渐形成一个系统化的具有较高效率的政策体系。相比环境财政政策的发展而言,我国环境财政政策评估及其制度化的发展历史虽然较短,但却发展较快。我国环境财政政策评估制度的发展历程分为四个阶段。

1. 萌芽阶段(从新中国成立至改革开放初期)

这一阶段属于我国环境财政政策评估制度萌芽阶段。在该阶段,全社会没有形成广泛的环境保护意识,对生态保护和污染治理没有给予应有的关注;我国政府已经开始注意到污染问题及其对经济社会的影响,除了采取行政手段,也已开始注意利用财政政策手段进行干预,如实施排污费制度。但是,环境财政政策较少,且不成体系,政策评估也仅仅在改革开放初期刚刚出现。可以说,环境财政政策评估制度处于萌芽阶段。

2. 形成阶段(从改革开放初期至"十五"规划结束)

改革开放后我国经济社会快速发展,对能源和资源环境的利用强度大幅度增加,甚至超过了资源环境的承载力,造成了污染、资源浪费、荒漠化加速和环境恶化等一系列严重的生态环境问题,资源环境对经济社会发展的约束力随之不断增强。虽然在20世纪80年代末举办的第三次全国环境保护大会就确定了环境目标责任制度,但是却没有真正得到落实。直到2004年,我国才把环境保护指标纳入绩效考核的改革中。

随着中国特色社会主义市场经济体制的确立,我国进行了财税体制改革,1994年实行分税制财政管理体制,为利用财税等经济手段进行生态保护和环境治理提供了更好的条件。各级政府出台并实施了诸多环境财政政策,为环境财政政策评估提供了丰富的评估对象。为了增强环境财政政策制定的科学性与合理性,提升政策效果,发挥政策的引导和管理作用,各级政府对环境财政政策进行评估的需求快速增长,各种评估理论和

方法不断出现,环境财政政策评估框架逐渐形成。同时,为规范评估行为,相关法律法规和政策措施不断出台,环境财政政策评估制度体系逐渐形成。

3. 加速发展阶段(从"十一五"规划开始至"十二五"规划结束)

这段时期,中央政府非常重视生态环境对经济社会可持续发展的重要作用,要求各级地方政府出台具体措施加强污染治理和生态保护。环保绩效开始在环境管理和官员晋升考核中发挥重要的指导、激励与约束作用。2014年新修订的《环境保护法》规定,一切单位和个人都有保护环境的义务,明确要求地方政府对本行政区域的环境质量负责,要求各级政府推进环保宣传和普及工作,加大对生态保护和环境治理的财政投入。这是我国第一次从法律层面上明确了要对地方政府负责人的环保职责进行考核。《环境保护法》还对环境监督管理、保护和改善环境、防治污染和其他公害、信息公开和公众参与以及法律责任等做了具体规定,环境治理法治化进程得以加快。以此为背景,我国环境财政政策评估制度进入加速发展阶段。

在该阶段,我国的环境质量整体上仍处于下降的趋势。为了更好地治理污染和保护生态环境,提高环境财政政策绩效,不论是环境财政政策评估的结构框架,还是具体的环境财政政策评估制度,都在加速构建和完善。具体表现在:各级政府开始转变评估理念,开始注重环境财政政策评估在政策制定过程中的作用;评估标准更加科学,评估指标更加合理,更具有可操作性;评估方法脱离了单一性,变得更加多样化,并且开始体系化;得益于计算机技术的发展和应用,数据的质量不断提高,评估制度不断健全。

4. 逐渐成熟阶段(从"十三五"规划开始至今)

在该阶段,我国对环境保护实施严格的政策。这一阶段的环境财政政策评估制度也逐渐走向成熟。具体表现在:环境财政政策制定的理念更加先进,不仅注重政策的制定和执行,更加注重对政策实施效果的评估;评估方法更多样化,定性评估方法和定量评估方法并存,以定量评估方法为主的评估技术方法体系逐渐形成;客观、公正、独立、高效等评估原则得到更好的遵循和贯彻;评估基本程序更加规范与合理,基本上能满足公众参与、信息公开透明、绩效评估、引入第三方机构评估与监督等要求,体现应有的公平、正义。虽然还存在评估主体不清,基本评估程序有待进一步优化,以及评估制度协调性需要进一步提高等问题,但我国的环境财政政策评估制度已经基本具有规范性、完整性、稳定性、系统协调性和可操作性的特征。这为开展环境财政政策及其效果评估奠定了坚实的制度基础。

2018年1月1日,我国开始征收环境保护税,为环境税收政策评估奠定了法律和政策基础。环境财政政策评估有了更规范的评估对象。我国要求对生态环境实施严格的保护政策,通过不断强化环境财政政策评估,使政策的制定更加科学合理,生态保护效果也必然大大增强。

我国环境财政政策评估制度的发展历程和我国经济社会发展状况、环境生态约束力以及环境质量紧密相关。环境财政政策评估制度正是紧紧围绕新时代我国的环境问题不断发展和完善的。但不可否认,我国现有环境财政政策评估制度还有许多不完善的地方,如环境财政政策评估的法律机制还不健全,现在仍是以政府的自评自估为主、第三方评估为辅,公众参与度低,评估方法还较为单一,等等。整体上,这些问题集中出现在环境财政政策评价、公共服务评价以及激励机制设计等领域。我国可以借鉴发达国家的经验和教训,促进环境财政政策评估制度更好地发展。

(二)环境财政政策评估制度的特征及成本

1. 环境财政政策评估制度的特征

环境财政政策评估制度是对环境财政政策及效果进行评估的各种措施之和。从制度的角度来看,环境财政政策评估制度应该具有完善性、规范性、稳定性、系统性、协调性和可执行性等特征。

完善性是指环境财政政策的评估制度要具有完整性,包括严密的框架和完善的法律法规、现行的环境财政政策、常用评估方法等方面的内容。此外,还应包括行政手段等配套措施。规范性是指环境财政政策评估应按照既定的要求、指标以及流程进行,尽量避免评估时的随意性。稳定性是指环境财政政策评估制度应具有长效机制,能够促进相关经济主体形成合理的预期,从而有助于生态保护和环境治理。系统性是指环境财政政策评估制度的基本构成内容应相互紧密联系、相互作用和补充,共同构成一个完整而有效的制度体系。协调性是指环境财政政策评估制度不仅自身具有较强的协调性,还要能够促进区域之间、部门之间、各种经济主体之间、各种财政政策之间以及财政政策与其他政策手段之间的协调性。可执行性是指环境财政政策应具有较强的可操作性,能够充分结合我国国情,有效解决生态保护和环境治理方面的问题,促进生态文明建设。

目前,环境财政政策评估制度存在的问题表现为法律依据不足、资源相对缺乏、信息机制不全、公众参与途径有限以及没有专门的环境财政政策评估机构等。实践中,环境财政政策评估制度应具备的特征大多没有很好地体现。除了可执行性得到较好的体现,其他的特征特别是完善性、系统性和协调性都体现得很不充分。这使得环境财政政策评估制度不能形成一个统一的有机整体,难以最大限度地发挥作用。

2. 环境财政政策评估制度的成本

环境财政政策评估制度在执行时会产生一定的成本。虽然从整体收益来看,这些成本耗费是值得的,但如果成本过高,会降低制度的执行效率。因此,应最大限度地控制制度成本。就制度里包含的具体指标而言,每个指标所产生的执行成本都不一样,可能有些指标要比其他指标消耗的成本更高一些。例如,常规性的评估指标产生的成本要低一些,而具有特殊目的的实地调查、环保监督检查则会产生较高的成本。这就需要权衡指标数据质量和成本之间的关系。不能仅仅考虑指标数据质量,而不顾成本因素;更不能以牺牲指标数据质量为代价,一味地降低成本。应在确保指标数据质量的基础上,考虑各种指标产生的成本;在构建环境财政政策评估制度时不能包含无效指标、不相关指标,同时尽量避免低效指标。

第二节 环境财政政策评估制度的框架

一、以先进的理念作引导

由于传统习惯和现实等原因,我国政府机构工作人员似乎存在着

"重政策制定和执行、轻政策评估"的倾向。在生态保护和环境治理领域也不同程度地存在着这样的倾向。实践中,相关部门及工作人员为了实现生态保护和环境治理的预期目标,在政策制定方面力求完善,在政策执行方面尽职尽责,但对于环境财政政策的实施效果却没有给予足够的关注。

造成这种情况的主要原因有四个:一是长期形成的工作习惯,短时间内不易根本转变;二是以经济发展为主的导向直接影响着相关部门人员的思想和行为;三是环境财政政策评估制度的缺乏,工作人员不知道如何进行评估,即使是制度上存在相应的评估要求,也没有得到很好的落实;四是相关部门工作人员的责任感不强,仅仅按照要求进行政策的制定和执行,而不去关心会达到什么效果。

因此,在实际工作中应首先构建和不断完善环境财政政策评估制度,向相关部门工作人员提供评估的依据和方法。其次要不断强化环境财政政策评估在政策制定和执行过程中的作用,促进相关部门转变思想观念,要以先进的理念引导相关部门重视环境财政政策评估工作,增强环境财政政策效果。实践证明,通过执行政策评估制度进而促进财政管理体制改革,增强政策实施效果,提高财政资金效益,促进生态环境保护,是完善环境财政政策的有效做法。

二、通过立法明确评估的对象范围、原则及流程

构建和完善环境财政政策评估制度,首先就要具有相应的法律依据。缺乏法律依据,评估工作无法很好地进行。因此,应首先以现有相关法律法规为基础,明确评估的对象和范围,制定评估的原则,规范评估的流程,使环境财政政策评估工作具备基本的法律依据。

(一) 评估对象范围

环境财政政策评估的评估对象就是各级政府制定和执行的各种环境财政政策,根据评估结果为改进和完善环境财政政策提供依据。在政策分类上,大体上可以依据相关法律法规把现行环境财政政策分为节能环保事业投入类(如政府某项节能环保支出政策等)、产出与结果类(如环境质量的改善状况等)、生态保护和环境治理能力类(如环境治理基础设施的

建设状况等)、社会评价类(如居民对环境的满意度等),以及其他类(如获得上级政府在节能环保工作中的奖惩情况等)。通过这样的分类,可以进一步明确评估对象及范围,为科学合理地设计评估指标提供坚实的基础,同时也可以有效促进评估效率的提高。

(二)评估原则

在环境财政政策评估工作中,应严格遵循独立、公正、客观的工作原则。独立原则要求评估机构或评估人员的评估工作不能受其他任何有利害关系的机构和人员的干涉,能够依法独立地对环境财政政策进行评估。公正原则要求评估人员本着对政府有关部门和社会负责的态度进行评估。客观原则要求评估人员应尽量减少主观因素的影响,按实际情况进行评估,使评估结果尽量接近现实;尤其是评估工作开展前,应尽量避免受其他人思想观点的影响。

之所以要从法律上规定上述原则,是由评估工作的性质决定的。评估工作是评估机构或评估人员依据相关法律法规的要求,运用专业知识和技能为社会提供服务的行为。为更好地服务社会,为辖区内全体居民负责,需要评估人员遵循独立、公正和客观的原则。同时,坚持独立、公正和客观的工作原则,也能更好地维护政府的形象,增加居民对政府的信任度,提升环境财政政策的权威性和有效性。

(三)评估流程

环境财政政策的评估流程是指评估人员执行评估任务时必须遵循的工作步骤。规范的评估流程对于保障环境财政政策评估的公正性、客观性和科学性有着重要作用,因此,必须采用立法的方式对评估流程予以明确。环境财政政策评估的流程是由相关法律法规专门予以确定的,不得随意增减或变更。针对某种环境财政政策,其具体评估流程可以包括环境财政政策评估人员的选择和确定、对评估对象的现场调查、对评估资料的审核与分析、评估方法的选择与确定、评估结果公布形式以及评估报告的保存与使用制度等方面。

三、构建完善的环境财政政策评估技术方法体系

评估方法是环境财政政策评估采用的技术手段和思维方式。环境财

政政策评估方法应建立在多学科基础之上,充分考虑评估自身规律和节能环保行业特点。环境财政政策的评估方法有多种,各具优缺点,形成一整套既相互补充又紧密联系的评估技术方法体系。

按传统的研究方法划分,可以把现有评估技术方法分为定性方法和定量方法。定性方法从评估对象内在的性质和规范的角度进行评估。定量方法则运用数据资料,通过设置指标来考察环境财政政策的政策效应。从层次上讲,在缺乏数据资料的条件下,定性研究更多的是以概括性的结论出现,更多地关注事物的特征、性质和规范方面的内容。相较而言,定量研究比定性研究的层次要高;但是,如果占有足够的数据资料,在对定量结果进行定性分析时,定性方法比定量方法的层次更高。因此,在对环境财政政策进行评估时,可以从性质规范和量化实证两个方面对政策效应进行全面评估,综合使用各类方法,以取得最优评估结果。

第三节 环境财政政策评估内容与指标

一、环境财政政策评估内容

明确环境财政政策评估的内容是设计评估指标的前提和基础。环境财政政策评估的评估对象应是各级政府制定和执行的各种环境财政政策。评估的内容应该包括和生态保护与环境治理相关的由政府投资运行的所有项目,具体而言,应包括政府节能环保收支类所有的科目。因此,应首先明确我国现行的节能环保类的财政收支科目,才能进一步明确环境财政政策评估的范围。

按照财政部公布的《2020年政府收支分类科目》,节能环保类支出方面的科目包括节能环保管理事务、环境监测与监察、污染防治、自然生态保护、天然林保护、退耕还林还草、风沙荒漠治理、退牧还草、已垦草原退耕还草、能源节约利用、污染减排、可再生能源、循环经济、能源管理事务以及其他节能环保支出这15个方面。环境保护类税收主要包括环境保护税、消费税和资源税等税种。明确了环境财政政策评估的内容范围,通过相关政策进行效果的专业评估,就可以之为基础设计出相应的评估标准,从而为制定和改进环境财政政策提供参考。

二、环境财政政策评估指标

能否对环境财政政策进行科学合理的评估,关键取决于能否设立科学合理的评估指标。评估指标不仅可以量化环境财政政策,而且可以从数量关系上反映现行环境财政政策的政策效果。根据我国现行环境财政政策以及建设"美丽中国"的战略要求,考虑数据的来源和类型,可以设置绝对指标和相对指标。绝对指标是指包括原始数字、平均数等有量纲化的总量指标,相对指标包括百分比、比率、比例以及指数等无量纲化指标。

根据环境财政政策的性质和特征以及要达到的预期效果,本书从可持续性、效率、环境质量、满意度四个方面设计指标,以全面反映和评估环境财政政策的效果,并据此考察我国环境财政资金投入的可持续性、生态保护和环境治理效果、环境资源配置效率、环保方面投入产出状况以及社会福利的公平性等方面的内容。

(一)可持续性指标

这个指标的设置主要是考察中央财政和地方财政能否保证生态保护和环境治理方面投入的可持续性。一般而言,可以用环境财政支出的绝对规模和相对规模来表示。环境财政支出的绝对规模是指中央财政和地方财政在环境保护方面年支出总额及其增长情况。环境财政支出的相对规模是指中央财政和地方财政在环境保护方面的年支出总额占各自当年财政收入总额的比重及其增长情况。可以用这两个指标来衡量环境财政政策的保障能力及其是否具有可持续性。如果各级财政在环境保护方面的支出总额能够逐年增长,占当年GDP总额的比重能够不断增加,那么可以说明环境财政支出具有可持续性,具有较强的保障能力,能够基本遏制环境污染和恶化的趋势,持续改善环境质量;反之,则说明环境财政资金对生态保护和环境治理的保障能力较弱,不具有可持续性。近些年,我国加大了节能环保财政支出力度,相关指标也不断提高,详见表6.1。

表 6.1　　我国节能环保财政支出绝对规模和相对规模

年份	全国节能环保支出总额（亿元）	全国财政支出总额（亿元）	节能环保支出占全国财政支出的比重（%）	当年 GDP（亿元）	节能环保支出占当年 GDP 的比重（%）
2013	3 383	140 212.10	2.41	592 963.2	0.57%
2014	3 815	151 785.56	2.51	641 280.6	0.59%
2015	4 814	175 877.77	2.74	685 992.9	0.70%
2016	4 735	187 755.21	2.52	740 060.8	0.64%
2017	5 672	203 085.49	2.79	820 754.3	0.69%
2018	6 353	220 904.13	2.88	900 309.5	0.71%
2019	7 444	238 874.00	3.12	986 515.2	0.75%
2020	6 317	245 588.00	2.57	1 015 986.0	0.62%
合计	42 533	1 564 082.26	—	6 383 862.5	—

数据来源：根据 2013—2020 年的中国财政年鉴和财政部网站公布数据整理。

从表 6.1 可以看出，2013 年以来，我国节能环保支出不论是绝对规模还是相对规模，整体上都处于不断上升状态。2013—2019 年分别是 3 383 亿元、3 815 亿元、4 814 亿元、4 735 亿元、5 672 亿元、6 353 亿元和 7 444 亿元。比较特殊的是 2020 年，突然暴发的新冠病毒感染疫情对经济社会各个方面产生影响，因此，相比 2019 年，节能环保支出下降了 1 127 亿元。节能环保支出相对规模分两个层次。一是节能环保支出占当年全国财政支出总额的比重。2013—2020 年该指标分别为 2.41%、2.51%、2.74%、2.52%、2.79%、2.88%、3.12%、2.57%。二是节能环保支出占当年 GDP 的比重。2013—2020 年该指标分别是 0.57%、0.59%、0.70%、0.64%、0.69%、0.71%、0.75%、0.62%。从数据可以看出，随着我国经济社会的发展，节能环保支出总体呈现不断增长的趋势，显示我国转变经济增长方式，贯彻执行"绿水青山就是金山银山"的绿色发展理念的决心。节能环保支出对我国环境治理事业的推进产生了巨大的作用。

改革开放以来，由于党和政府越来越清晰地意识到环境对经济社会发展的重要性，以及环境污染的严重影响，我国在环境保护方面，特别是污染防治方面的投资不断上升。

从表6.2可以看出,"八五"时期至"十二五"时期,我国环保投资总额占GDP的比重不断增长。根据国际经验,当一个国家的环保投资占GDP的比重达到1.0%～1.5%时,就可以遏制该国环境恶化的势头;当达到2.0%～3.0%时,该国的环境质量就可以有所改善。我国在"十五"时期,相关指标就已经超过1.0%,达到1.28%;在"十二五"时期,就已经超过了1.5%。事实上,"十二五"时期的雾霾天数等主要环境指标已开始明显变化,环境质量已经开始好转。由于我国把污染防治作为新时代三大攻坚战之一,财政对环境治理的支出不断增加,在新发展理念指引下,为更好地实现"双碳"目标,"十四五"时期,我国环境投资额必将会有一个明显提升。当然,这里需要设计一个稳定的投入增长机制,也需要通过评估,确定当期生态保护和环境治理所需资金规模,能够较为准确地预测增长趋势。

表6.2 我国"八五"时期至"十二五"时期环保投资总额及占GDP的比重

时期	环保投资总额(亿元)	占GDP的比重
"八五"时期	2 000	0.69%
"九五"时期	3 600	0.93%
"十五"时期	8 388	1.28%
"十一五"时期	16 000	1.35%
"十二五"时期	32 000	1.60%

数据来源:根据历年的中国环境统计资料整理。

(二)效率指标

该指标是指政府进行资源配置的效率,具体是指政府在生态保护和环境治理方面的收益与投入的成本之间的比率,亦即是产出与所消耗的成本之间的比率。把成本和产出结合起来,考察单位成本的产出多少或者单位产出的成本大小,就能够很清楚地看出环境保护的效率状况。把成本和产出分开,先从成本投入的角度,可以连续考察各级政府在环境保护类方面的支出或者消耗的资源的量。例如,在污染减排方面消耗的资源或者成本、生态保护方面投入的成本以及污染治理方面投入的成本等。

通过评估,可以确定污染减排或者生态保护等所需要的成本,确定财政投入的标准,从而为更好地制定环境财政政策提供依据。再从收益的角度,可以连续考察相关产出的数量和质量来观察收益情况。例如,污染物或者二氧化碳的减排量,减排治污方面的基础设施建设状况,生态保护林、湿地面积的增加量或者沙化面积的减少量,环境基本公共服务均等化程度变化状况,等等。通过考察这些指标,不仅可以知道政府相关单位的工作量,还可以清楚其工作效果。

(三) 环境质量指标

政府进行生态保护和环境治理的直接目标是不断改善环境质量,最终实现环境基本公共服务均等化目标,使全社会都能公平地享受碧水蓝天带来的社会福利。环境质量指标是衡量一个国家和地区生态环境状况的一个重要指标。而环境质量的改善情况,具体体现在政府进行生态保护和环境治理目标的完成情况或者实现程度上。

环境质量指标体系应该涵盖环境领域的各个方面,指标不仅要具有层次性和完整性,要涵盖现有污染源,还要能对充分利用有限的财政资金具有指导作用,能够很好地反映环境治理的绩效。环境质量指标内容具体可以分为管理类指标、污染防治和减排类指标、生态保护类指标和其他类指标。其他类指标包括环境保护宣传指标和环境卫生类指标等。每一类指标又可以进行细分,例如,污染防治和减排类指标,可以细分为环保投资占当年 GDP 比重、全年空气污染指数、工业废气和废水排放量、废气中二氧化硫排放量和工业粉尘排放量、交通噪声分贝数以及辐射空气吸收剂量比率等。应科学合理地设计这些指标,使其有明确的计算公式,能准确考核相关环境治理绩效。

需要强调的是,环境质量指标应该和既定工作的主要目标相联系。例如,大气污染治理的主要目标之一就是减少包括二氧化硫、二氧化碳等在内的大气污染物,因此,考察环境质量的关键指标即空气优良的天数及其在全年所占比重,如果空气优良天数及其所占比重不断增加,那么说明大气环境质量在不断提升。又如,水污染治理的主要目标是减少水中污染物,衡量水环境质量的关键指标即各类水资源的数量和结构的变化,如果全国地表水国控断面水质优良比例不断增加,劣Ⅴ类水(丧失使用功能的水)不断减少,那么说明通过水污染防治,水环境质量在不断改善。根据生态环境部发布的数据,2019年,全国地表水国控断面水质优良(Ⅰ~Ⅲ类)、丧失使用功能(劣Ⅴ类)的比例分别为74.9%、3.4%,分别比2015年提高8.9%、降低6.3%,大江大河干流水质稳步改善。当然,这是在假定环境质量标准不变的条件下讨论的结果。如果考虑环境贴现率等因素的影响,则要对环境质量标准进行修改,如提高空气优良的标准,如此既定条件下的讨论结果可能就会不同。

(四)满意度指标

这是与环境保护的效果紧密联系的重要指标。在实践中,可以把居民对环境财政政策满意度与环境保护的政策效果指标相结合,从而更好地对环境财政政策进行评估。而评估居民对环境财政政策满意度的一个重要方法是看居民对生态保护和环境治理问题的投诉量。例如,通过分析居民对环境治理问题的投诉量的多少及其增减变化情况,可以直观地获得居民对环境质量的满意度。如果投诉量比较多,说明居民对环境财政政策实施的效果不满意;反之,则说明居民的满意度较高。当然,也可以用相对指标来表示。如何把对环境治理其他问题的投诉与对环境财政政策效果的投诉分离开来,是需要特别处理的问题。解决方案是建立一个识别机制,确保能准确识别居民投诉的对象,从而更好地对包括环境财政政策在内的环境治理手段分别进行评估,从中获得仅针对环境财政政策的评估结果。

第四节 环境财政政策评估基本程序与方法

一、环境财政政策评估基本程序

根据《中华人民共和国评估法》等相关法律法规要求,环境财政政策评估须遵循基本程序,并且这些基本程序是不能随意增减和改变的。环境财政政策评估的基本程序可以包括:明确评估的基本事项,编制评估计划,评估现场调查,收集整理和审核分析数据资料,形成并公布评估结论,编制、使用和保存评估报告。

(一) 明确评估的基本事项

在对环境财政政策评估过程中,首先应明确评估的基本事项,对评估工作要有一个充分、全面的了解,从而为评估工作做好准备。一般而言,对环境财政政策评估的基本事项主要包括评估主体、评估客体、评估目的、评估程序、评估对象和范围、评估期限、评估报告的使用范围规定、评估报告的期限等方面的内容。①

(二) 编制评估计划

评估计划的编制一般在评估工作之前进行。根据所编制的计划,评估人员可以更合理地安排工作,更有效地配置资源,从而更好地完成评估工作。评估计划要包括编制的总体要求、评估人员的组成、主要内容、工作时间安排及计划必要的调整等内容。

(三) 评估现场调查

现场调查是对环境财政政策效果进行评估的重要方法,通过现场实地调查可以获得第一手的真实数据资料,由此可对环境财政政策的实施效果进行全面、客观的了解,从而为设计指标、准确判断环境质量真实状况提供合理依据。

(四) 收集整理和审核分析数据资料

评估人员除了通过现场调查获取数据资料,还可以根据具体的评估工作,要求被评估单位提供相应的数据资料,对这些资料进行分类整理,并审核其真实性、权威性,从而为环境财政政策评估提供更充分的判断依据。

(五) 形成并公布评估结论

评估人员以所获得的数据资料为基础,通过选择合理的评估方法,初步形成评估结论,最后在规定的时间内公布最终确定的评估结论。在方法的选择方面,评估人员应根据评估的目的、具体的评估对象,结合所获得的数据资料,恰当选择具体的评估方法。对于初步评估结论应进行分析,判断所选方法形成的评估结论是否具有合理性。为了保证评估结论

---

① 刘玉平.资产评估学[M].2版.北京:中国人民大学出版社,2018:2.

的合理性,还可以另选一种方法再次进行评估,比较两个结论,进一步验证结论的合理性。

(六) 编制、使用和保存评估报告

环境财政政策评估报告是指评估人员依据相关法律法规,遵循评估原则和基本程序,对某种环境财政政策及其效果进行评定估算的专业报告。编制评估报告需要遵循一定的格式和要求,内容要包括评估目的、评估对象、评估内容范围、评估方法的选择和评估基本程序以及评估结果等。而对评估报告的使用范围、使用人员、使用方式以及相关的使用权利和应负有的责任,要依照法律法规进行相应的规定。此外,评估工作完成后,对出具的评估报告要按照相关要求进行保存,将其留档作为历史资料以备日后查阅。评估报告是评价环境财政政策效果的依据,也是环境财政政策改进的依据。

二、环境财政政策评估方法

环境财政政策评估主要是紧紧围绕环境财政政策的效应进行的,评估方法有规范性评估方法和量化评估方法。本书主要介绍量化评估方法,它又可细分为计量经济学法、绩效评价法、前后法等。

(一) 计量经济学法

随着数学和统计学理论的不断完善,更借助计算机网络以及大数据等技术的快速发展和广泛应用,计量经济学也迎来了快速发展。计量经济学法的基本做法是根据经济学基本理论,分别设置解释变量和被解释变量,通过数据和计量模型来检验变量之间的相关性,从而发现被解释变量是否受到解释变量的影响。根据该方法,评估人员可以考察目标环境财政政策的生态保护和环境治理效应,从而发现其不足之处,为进一步改进环境财政政策提供参考依据。对环境财政政策及其效应的计量研究法的核心是要解决决策个体差异所造成的选择性偏差问题。为此,人们从不同的方法论角度进行研究,形成不同的解决方法,主要采用的计量方法有工具变量法、断点回归法、匹配法以及双重和三重差分法等。这些方法的基本思想和基本步骤各不相同,有着不同的优点和缺陷。在使用过程中,应根据需要解决问题的不同,充分考虑各种方法的优缺点,恰当选择计量方法进行评估。

(二) 绩效评价法

财政收支预算不仅指明了财政资金的流向,还意味着政府的某种经济安排,或者是向经济社会提供的某种社会福利,或者是就经济社会的某个领域进行的宏观调控或干预。而财政政策绩效评价就是围绕财政资金流主线,对财政资金在不同环节的配置与运用情况进行系统评价。① 绩效指标的类型包括产出、生产力、效率、服务质量、效果、成本收益以及客户满意度等。② 针对政府绩效考核的理论和方法的研究兴起于 20 世纪 80 年代,主要的绩效考核方法有成本—收益法、平衡计分卡法、德尔菲法以及层次分析法等。其中,成本—收益法是在对财政绩效评价中应用较为广泛的一种评估方法。

成本—收益法是从成本的角度出发,在可用货币计量的条件下,通过计算某种环境财政政策的成本与收益之间的比率来反映财政资金的绩效状况和该环境财政政策的效果,以评价目标实现的程度;也可以用于比较哪一种环境财政政策具有更高的社会效益。运用成本—收益法最大的困难是如何用货币来衡量环境财政政策产生的成本和收益状况。实践中,为规避成本—收益法的这个难点,可采用成本—效果分析法。该方法适用于已知所期望的政策结果的情况,可以选择相应的替代政策或者最大化政策效益;同时它也适用于政策结果难以量化的情形。但成本—效果分析法也有自身的缺陷,该方法没有衡量政策实施效果的货币价值,实施效果的货币价值主要取决于政策制定者的主观判断,因此主观随意性较强。在实践中,这两种方法都是相互配合使用的。

从过程来看,评估环境财政政策的绩效可以分三步走,分别着眼于环境财政投资、环境财政资金使用和环境财政资金绩效评价,它们共同构成环境财政政策的投入产出模式。第一步是环境治理的成本预算,即估算环境治理方案所需要的成本,实现该方案所需经费的数量,以及该经费数是否合理。合理与否主要是依据所需财政资金数量是否满足需求,以及

---

① 张念明,张文.全面实施绩效管理框架下财政政策绩效评价:基于指标体系构建与应用视角[J].东岳论丛,2018(12):135.
② 西奥多·H·波伊斯特.公共部门绩效评估[M].北京:中国人民大学出版社,2016:49.

是否可以持续评定。通过设计相应的指标来测算在环境财政政策执行后的资金合适程度和持续力。第二步是监控财政资金的使用,避免财政资源分配的不公平。具体包括环境财政投资如何被使用,也同样需要通过设计相关指标进行监控。例如,污染治理投资的额度及其年增长率、污染治理投资分别占当年财政支出总额和当年 GDP 的比重,据此优化财政支出结构,充分利用财政资金。第三步是对环境财政资金的绩效评价,具体是对环境财政资金利用效应评估,这是采用比较环境效益和所花费成本的方式,评估财政资金的绩效状况,从而间接反映环境财政政策的效果。通过对环境收益的评估,促进相关机构提高财政资源利用的效能,推动财政等部门改进环境财政资源的分配标准。

通过绩效评价,不仅可以让政府机构很好地了解环境治理对财政资源的需求,确保财政资金投入的合理性和可持续性,还可以监控使用财政资金所提升的环境质量,以确保财政资金分配的公平性和有效性,最大幅度地提升财政资金的利用效率和环境财政政策的效果。

(三) 前后法

前后法是指针对某项财政政策实施前后生态环境质量是否改善以及改善多少进行量化研究,从而获得政策实施的真实效果。一般而言,前后法包括四种基本类型,分别是:简单前—后对比分析、投射—实施后对比分析、有—无政策对比分析和控制对象—实验对象对比分析。[①] 前后法是政策评估的基本方法,许多其他的政策评估方法就是从前后法衍生出来的。

(四) 其他方法

其他较为常用的评估环境财政政策效果的方法还包括跟踪分析法(跟踪分析居民对环境财政政策效果的信访或投诉状况)、因素比较法、最低成本法、公众评判法、调研法(设计问卷进行实地调查,设立并畅通网络、邮箱等反馈渠道进行调查研究)等。这些方法可以综合运用以保证所得数据信息的质量。当然,这些方法都具有自己的优点,同时也都存在一

---

① 黄溶冰,张谦.我国资源型城市经济转型试点财政政策的定量评估[J].财政研究,2008(10):47.

定的缺陷或不足。因此,在对环境财政政策进行评估的过程中,应综合运用多种方法针对同一个环境财政政策进行评估,使评估结果可以相互验证,以确保评估结果的客观性、合理性。这些不同的评估方法共同构成一个完整的评估方法体系,为更好地完成评估工作打下坚实的技术基础。

与国外发达国家相比,我国的环境财政政策评估制度发展历史较短,无论是在评估的思想理念还是基本理论方面都较为落后,无论是在法律法规还是技术方法方面都不完善、不成熟,无论是在评估主体还是在评估程序等方面都缺少明确性和科学性。我国环境财政政策评估制度在促进环境财政政策的改进方面还没有完全发挥应有的作用。国内外生态保护和环境治理发展的实践也表明,基于专业的政策评估结果制定环境财政政策,有助于取得较好的政策效果。因此,在全面实施预算绩效评价的要求下,我国应加快健全环境财政政策评估制度,丰富环境财政政策评估方法,并强化环境财政政策评估制度在优化环境财政政策、促进生态保护和环境治理中的作用,才能更好地进行生态文明建设,更快更好地实现"美丽中国"。

参考文献

[1] 安国俊.绿色债券的国际经验及中国实践[J].债券,2016(07):18-24.

[2] 财政部.关于修订2007年政府收支分类科目的通知[N].中国财经报,2006-08-04(006).

[3] 曹明弟,王文.绿色债券发展前景[J].中国金融,2015(10):14-16.

[4] 曹媛媛,刘松涛,刘煜珅.中国绿色债券评估认证制度[J].中国金融,2017(14):69-71.

[5] 曾贤刚,裴斐,陈果.公益环保基金怎样才能不差钱[J].环境经济,2009(08):40.

[6] 陈岱孙.市场经济百科全书(下)[M].北京:中国大百科全书出版社,1998:911.

[7] 陈鹏,逯元堂,吴舜泽.转移支付制度改革对政府环保支出影响分析[J].生态经济,2015(04):118-120.

[8] 陈挺,何利辉.中国生态横向转移支付制度设计的初步思考[J].经济研究参考,2016(58):35-46.

[9] 陈向国.全国生态环境保护大会:为生态环境保护提供强大实践动力[J].节能与环保,2018(06):16-17.

[10] 丛中笑.环境税论略[J].当代法学,2006(06):101-104.

[11] 单锦炎.把绿水青山的生态优势转化为金山银山的发展优势[J].政策瞭望,2015(10):25-26.

[12] 董战峰等.环境经济政策年度报告2018[J].环境经济,2019(07):12-39.

[13] 杜雯翠,江河."绿水青山就是金山银山"理论:重大命题、重大突破和重大创新[J].环境保护,2017,45(19):34-38.

[14] 方文,杨勇兵.习近平绿色发展思想探析[J].社会主义研究,2018(04):15-23.

[15] 冯海波,陈旭佳.主体功能区建设与均等化财政转移支付:以广东为样本的研究[J].华中师范大学学报(人文社会科学版),2011(03):52-59.

[16] 冯海波.新时代预算绩效评价的逻辑转换、现实挑战及路径选择[J].经济纵横,

2019(05):67-73.

[17] 伏润民,缪小林.中国生态功能区财政转移支付制度体系重构[J].经济研究,2015(03):47-61.

[18] 付伟,罗明灿,李娅.基于"两山"理论的绿色发展模式研究[J].生态经济,2017,33(11):217-222.

[19] 高萍.环境保护税实施情况分析及完善建议[J].税务研究,2019(01):21-24.

[20] 葛察忠,龙凤,任雅娟,杨琦佳.基于绿色发展理念的《环境保护税法》解析[J].环境保护,2017,45(01):15-18.

[21] 葛玉御.以绿色发展理念"绿化"我国税制[J].税务研究,2016(10):8-13.

[22] 谷树忠,谢美娥,张新华,等.绿色发展:新理念与新措施[J].环境保护,2016(12):13-15.

[23] 郭实,周林.浅析国外绿色债券发展经验及其启示[J].债券,2016(05):67-72.

[24] 郭舒.我国绿色债券的发展[J].中国金融,2016(23):67-68.

[25] 郭艳红.开放条件下我国环境财政政策研究[M].北京:经济科学出版社,2013.

[26] 国合会"可持续消费与绿色发展"课题组.可持续消费与绿色发展[J].环境与可持续发展,2014,39(04):46-60.

[27] 国家发展改革委办公厅.国家发展改革委办公厅关于印发《绿色债券发行指引》的通知[EB/OL].(2016-01-08)[2020-04-27].https://www.ndrc.gov.cn/xxgk/zcfb/tz/201601/t20160108_963561.html?code=&state=123.

[28] 国务院.国务院关于环境保护税收入归属问题的通知(国发〔2017〕56号)[EB/OL].(2017-12-27)[2020-04-20].http://www.gov.cn/zhengce/content/2017-12/27/content_5250841.htm.

[29] 国务院.国务院关于推进中央与地方财政事权和支出责任划分改革的指导意见[EB/OL].(2016-08-24)[2020-05-25].http://www.gov.cn/zhengce/content/2016-08/24/content_5101963.htm.

[30] 国信证券.专项债助力基建,生态环保类占比增幅明显[R/OL].(2020-03-25)[2020-05-03].http://pg.jrj.com.cn/acc/Res/CN_RES/INDUS/2020/3/25/1e294128-92fa-496e-8a1e-0a2a1875ecac.pdf.

[31] 郝晓薇,廖勇.绿色发展理念与消费税的完善[J].税务研究,2013(07):42-45.

[32] 荷兰国际财政文献局.国际税收辞汇[M].北京:中国税务出版社,2016.

[33] 洪艳蓉.绿色债券运作机制的国际规则与启示[J].法学,2017(02):124-134.

[34] 胡鞍钢,周绍杰.绿色发展:功能界定、机制分析与发展战略[J].中国人口·资源

与环境,2014,24(01):14-20.

[35] 胡义芳,唐久芳.我国环境财政改革的新思路:基于企业环境信息披露的视角[J].财贸经济,2008(09):52-56.

[36] 胡岳岷,刘甲库.绿色发展转型:文献检视与理论辨析[J].当代经济研究,2013(06):33-42+93.

[37] 皇甫战民.会计集中核算制度与国库集中支付制度并行的思考[J].当代经济,2013(16):100-101.

[38] 黄茂兴,叶琪.马克思主义绿色发展观与当代中国的绿色发展:兼评环境与发展不相容论[J].经济研究,2017,52(06):17-30.

[39] 黄溶冰,张谦.我国资源型城市经济转型试点财政政策的定量评估[J].财政研究,2008(10):47-50.

[40] 黄新华.环境保护税的立法目的[J].税务研究,2014(7):74-78.

[41] 黄真.环境保护基金制度基本法律问题初探[D].北京:中国政法大学,2003.

[42] 黄祖辉."绿水青山"转换为"金山银山"的机制和路径[J].浙江经济,2017(8):11-12.

[43] 计金标.我国环境税税制模式及其立法要素设计[J].税务研究,2010(01):36-40.

[44] 贾康.推动我国主体功能区协调发展的财税政策[J].经济学动态,2009(7):54-58.

[45] 江泽民.必须把实施可持续发展战略始终作为大事来抓:1996年7月16日在第四次全国环境保护会议上的讲话[J].科技进步与对策,2006(5):1-2.

[46] 江泽民.论社会主义市场经济[M].北京:中央文献出版社,2006.

[47] 蒋南平,向仁康.中国经济绿色发展的若干问题[J].当代经济研究,2013(02):50-54.

[48] 焦艳,李合亮.习近平绿色发展理念的形成及内容[J].中共天津市委党校学报,2017,19(02):39-44.

[49] 解振华.落实第五次全国环境保护会议精神,全面推进"十五"环境保护工作[J].中国环保产业,2002(02):5-9.

[50] 金佳宇,韩立岩.国际绿色债券的发展趋势与风险特征[J].国际金融研究,2016(11):36-44.

[51] 孔凡斌.建立和完善我国生态环境补偿财政机制研究[J].经济地理,2010(08):1360-1366.

[52] 李虹,熊振兴.生态占用、绿色发展与环境税改革[J].经济研究,2017,52(07):124-138.

[53] 李慧玲.环境税费法律制度研究[M].北京:中国法制出版社,2007.

[54] 李炯.习近平"两山"论创新性及其现代化价值[J].中共宁波市委党校学报,2016,38(03):95-102.

[55] 李雪娇,何爱平.绿色发展的制约因素及其路径拿捏[J].改革,2016(06):90-99.

[56] 李妍辉.论环境治理的金融工具[D].武汉:武汉大学,2012:9.

[57] 李一.习近平"绿水青山就是金山银山"思想的价值意蕴和实践指向[J].南京邮电大学学报(社会科学版),2016,18(02):73-80.

[58] 联合国开发计划署.中国人类发展报告 2020 绿色发展必循之路[M].北京:中国财政经济出版社,2002.

[59] 梁沛沛.国库集中支付制度对事业单位财务管理的影响与对策[J].当代经济,2013(19):68-69.

[60] 廖晓慧,李松森.完善主体功能区生态补偿财政转移支付制度研究[J].经济纵横,2016(01):108-113.

[61] 刘安国,王美艳,杨开忠.厂商区位选择、产业转移和区际环境财政政策协调研[J].贵州社会科学,2017(05):84-94.

[62] 刘京焕,陈志勇,李景友.财政学原理[M].北京:高等教育出版社,2011.

[63] 刘思华,方时姣.绿色发展与绿色崛起的两大引擎:论生态文明创新经济的两个基本形态[J].经济纵横,2012(07):38-43.

[64] 刘思华.科学发展观视域中的绿色发展[J].当代经济研究,2011(05):65-70.

[65] 刘秀丽.我国生态环境保护的财税政策研究[J].现代财经,2003,23(02):41-44.

[66] 刘玉平.资产评估学[M].2版.北京:中国人民大学出版社,2018:1-2.

[67] 刘佐.中国税制改革40年的简要回顾(1978—2018年)[J].经济研究参考,2018(38):3-12.

[68] 卢风.绿色发展与生态文明建设的关键和根本[J].中国地质大学学报(社会科学版),2017,17(01):1-9.

[69] 卢洪友,潘星宇.建国以来生态环境财政理论及制度变迁[J].地方财政研究,2019(10):24-32.

[70] 卢洪友,祁毓.环境质量的市场治理机理及制度创新路径[J].社会治理,2015(2):114-119.

[71] 卢宁.从"两山理论"到绿色发展:马克思主义生产力理论的创新成果[J].浙江社

会科学,2016(01):22-24.

[72] 陆文钦,王遥.明确界定绿色债券项目[J].中国金融,2016(06):54-55.

[73] 逯元堂,吴舜泽,陈鹏.环境保护基金特征及构建思路研究[J].生态经济,2015(9):191-193.

[74] 逯元堂等.环境公共财政实践与展望[M].北京:中国环境科学出版社,2010:18-19.

[75] 罗志红,朱青.构建我国生态补偿机制的财税政策探析[J].华东经济管理,2010(03):31-34.

[76] 马海涛.财政转移支付制度[M].北京:中国财政经济出版社,2004.

[77] 马骧聪.保护环境是我们的基本国策[J].环境管理,1984(02):1-3.

[78] 毛涛.以环境保护税法推进生态文明建设[EB/OL].(2016-12-29)[2020-04-25]. http://opinion.cctv.com/2016/12/29/ARTILc4PshRbbsJfnOwUA3X6161229.shtml.

[79] 潘佳.生态保护补偿中政府角色的法律定位[J].中国行政管理,2018(07):25-30.

[80] 潘佳.政府在我国生态补偿主体关系中的角色及职能[J].西南政法大学学报,2016(04):68-78.

[81] 庞凤喜.税收原理与中国税制[M].3版.北京:中国财政经济出版社,2010(07):45-47.

[82] 秦杰.第五次全国环境保护会议隆重召开[J].环境,2002(02):4-5.

[83] 曲格平.努力开拓有中国特色的环境保护道路:在第三次全国环境保护会议上的工作报告[J].环境保护,1989(07):8-18.

[84] 曲格平.生态经济的几个课题[J].环境管理,1983(01):3-8.

[85] 曲格平.中国环境保护四十年回顾及思考(回顾篇)[J].环境保护,2013(10):10-17.

[86] 全国人民代表大会常务委员会.关于全面加强生态环境保护依法推动打好污染防治攻坚战的决议[J].中国人大,2018(14):16-17.

[87] 任俊宏.我国第一次环境保护会议的历史地位[J].湖南行政学院学报,2015(01):124-128.

[88] 任理轩.坚持绿色发展:"五大发展理念"解读之三[N].人民日报,2015-12-22(7).

[89] 沈坤荣,周力.地方政府竞争、垂直型环境规制与污染回流效应[J].经济研究,

2020(03):35-49.

[90] 施文泼.从张家口的实践看如何完善生态补偿机制[J].中国财政,2013(06):48-50.

[91] 史丹,吴仲斌.支持生态文明建设中央财政转移支付问题研究[J].地方财政研究,2015(3):74-79.

[92] 史丹.中国工业绿色发展的理论与实践:兼论十九大深化绿色发展的政策选择[J].当代财经,2018(01):3-11.

[93] 史尚宽.民法总论[M].北京:中国政法大学出版社,2000:142.

[94] 世界环境与发展委员会.我们共同的未来[M].长春:吉林人民出版社,1987.

[95] 舒绍福.绿色发展的环境政策革新:国际镜鉴与启示[J].改革,2016(03):102-109.

[96] 苏明,刘军民,张洁.促进环境保护的公共财政政策研究[J].财政研究,2008(7):20-33.

[97] 孙伟力.我国绿色债券发展现状与问题解析[J].金融发展研究,2017(04):86-88.

[98] 汤天滋.建立环境财政体系的几点构想[J].财政研究,2006(10):20-22.

[99] 万志宏,曾刚.国际绿色债券市场:现状、经验与启示[J].金融论坛,2016,21(02):39-45.

[100] 王德凡.基于区域生态补偿机制的横向转移支付制度理论与对策研究[J].华东经济管理,2018(1):62-68.

[101] 王海芹,高世楫.我国绿色发展萌芽、起步与政策演进:若干阶段性特征观察[J].改革,2016(03):6-26.

[102] 王会,姜雪梅,陈建成,宋维明."绿水青山"与"金山银山"关系的经济理论解析[J].中国农村经济,2017(04):2-12.

[103] 王惠.环境税立法刍议[J].法学家,2002(03):64-69.

[104] 王金南,曹东,陈潇君.国家绿色发展战略规划的初步构想[J].环境保护,2006(06):39-43+49.

[105] 王金南.环境税收政策及其实施战略[M].北京:中国环境科学出版社,2006.

[106] 王玲玲,张艳国."绿色发展"内涵探微[J].社会主义研究,2012(05):143-146.

[107] 王敏,胡汉宁.财政竞争对中国环境质量的影响机理及对策研究[J].中国人口资源与环境,2015(10):164-169.

[108] 王双正,要雯.构建与主体功能区建设相协调的财政转移支付制度研究[J].中

央财经大学学报,2007(08):15-20.

[109] 王文华,周景坤.雾霾防治的金融政策之演进及展望[J].江西社会科学,2015(11):40-44.

[110] 王遥,史英哲,李勐.绿色债券发行市场[J].中国金融,2016(16):27-29.

[111] 王遥,徐楠.中国绿色债券发展及中外标准比较研究[J].金融论坛,2016,21(02):29-38.

[112] 王永康.绿水青山与金山银山[J].求是,2014(16):56-57.

[113] 王勇."两山"理论内涵的经济学思考[J].环境与可持续发展,2019,44(06):52-55.

[114] 王玉庆.中国环境保护政策的历史变迁[J].环境与可持续发展,2018(04):5-9.

[115] 王运宝."两山论"的核心是实现有效转换[J].决策,2017(12):1.

[116] 吴舜泽,刘越,俞海.全国生态环境保护大会三大成果的理论思考[J].环境保护,2018,46(11):12-16.

[117] 吴晓求.证券投资学[M].北京:中国人民大学出版社,2000:23-27.

[118] 西奥多·H·波伊斯特.公共部门绩效评估[M].北京:中国人民大学出版社,2016(01):49.

[119] 习近平.习近平关于全面建成小康社会论述摘编[M].北京:中央文献出版社,2016:171.

[120] 习近平.之江新语[M].杭州:浙江人民出版社,2007:223-224.

[121] 习近平.在全国生态环境保护大会上的讲话《坚决打好污染防治攻坚战推动生态文明建设迈上新台阶》[J].党建,2018.(06):4-6.

[122] 肖安宝,王磊.习近平绿色发展思想论略:从党的十八届五中全会谈起[J].长白学刊,2016(03):82-88.

[123] 肖应博.国外绿色债券发展研究及对我国的启示[J].开发性金融研究,2015,4(04):82-86.

[124] 谢佳沥.为了蓝天常驻碧水长流:全国生态环境保护大会召开一年来生态环保工作纪实[J].环境经济,2019(10):20-25.

[125] 谢京华.论主体功能区与财政转移支付的完善[J].地方财政研究,2008(02):4-7.

[126] 谢岩.绿色债券的国际比较与借鉴[J].上海金融,2017(03):79-84.

[127] 新华社评论员.保护生态环境 建设美丽中国:学习贯彻习近平总书记在全国生态环境保护大会重要讲话[J].资源导刊,2018(06):1.

[128] 幸泽林,易凤.国际"绿色债券"实践探索与比较研究[J].武汉金融,2016(03):45-46.

[129] 熊伟.环境财政、法制创新与生态文明建设[J].法学论坛,2014(62):62-69.

[130] 徐丽萍,孙文明.主体功能区生态预算系统合作机理研究[J].中国工业经济,2013(07):18-30.

[131] 晏恒.推动生态文明建设迈上新台阶:全国生态环境保护大会释放四大信号[J].四川党的建设,2018(11):10-11.

[132] 杨灿,朱玉林.国内外绿色发展动态研究[J].中南林业科技大学学报(社会科学版),2015,9(06):43-50.

[133] 杨多贵,高飞鹏."绿色"发展道路的理论解析[J].科学管理研究,2006(05):20-23.

[134] 杨宜勇,吴香雪,杨泽坤.绿色发展的国际先进经验及其对中国的启示[J].新疆师范大学学报(哲学社会科学版),2017,38(02):18-24+2.

[135] 杨志江,文超祥.中国绿色发展效率的评价与区域差异[J].经济地理,2017,37(03):10-18.

[136] 俞敏.环境税改革:经济学机理、欧盟的实践及启示[J].北方法学,2016,(1):73-83.

[137] 袁梅,王瑞阁.绿水青山就是金山银山:习近平生态文明建设思想初探[J].改革与开放,2016(16):16+18.

[138] 詹小颖.绿色债券发展的国际经验及我国的对策[J].经济纵横,2016(08):119-124.

[139] 詹小颖.绿色债券市场发展:国际经验及启示[J].南方金融,2016(09):18-23.

[140] 张浩良,安然.中外绿色债券发展比较[J].开放导报,2016(05):57-61.

[141] 张金伟,吴琼.绿色发展理念的哲学基础、实现路径及重大意义[J].生态经济,2017,33(02):172-175.

[142] 张劲勋,魏先华.我国环境金融发展探讨[J].金融理论与实践,2013(03):66-69.

[143] 张俊浩.民法学原理[M].北京:中国政法大学出版社,1997:155.

[144] 张磊.公众参与预算监督的模式设计与机制构建研究[D].哈尔滨:哈尔滨商业大学,2016.

[145] 张立承.地方政府项目收益债券:比较与借鉴[J].地方财政研究,2017(12):64-68.

[146] 张凌云,齐晔.地方环境监管困境解释:政治激励与财政约束假说[J].中国行政管理,2010(3):93-97.

[147] 张念明,张文.全面实施绩效管理框架下财政政策绩效评价:基于指标体系构建与应用视角[J].东岳论丛,2018(12):132-138.

[148] 张晓伟.环境公共服务供给的地方财政激励研究[D].武汉:中南财经政法大学,2018.

[149] 张旭.关于生态文明建设的六个"新":学习习近平总书记在全国生态环境保护大会上的重要讲话精神[J].社会主义论坛,2018(07):14-15.

[150] 张雪兰,何德旭.当代西方环境财政改革的若干问题[J].国外社会科学,2008(03):6-17.

[151] 张友国.新时代生态文明建设的新作为[J].红旗文稿,2019(05):22-25.

[152] 赵建军.人与自然的和解:"绿色发展"的价值观审视[J].哲学研究,2012(09):28-31+46.

[153] 赵旭凯.中国绿色债券发展实践及路径探析[J].金融发展评论,2017(05):149-158.

[154] 哲欣.从"两座山"看生态环境[N].浙江日报,2006-03-23:(1).

[155] 哲欣.绿水青山也是金山银山[N].浙江日报,2005-08-24:(1).

[156] 郑德凤,臧正,孙才志.绿色经济、绿色发展及绿色转型研究综述[J].生态经济,2015,31(02):64-68.

[157] 郑浩生,陈钰玲,王娟.财政转移支付制度的价值维度、现实困境与路径研究:基于国家治理现代化的视角[J].天津行政学院学报,2018(03):64-71.

[158] 郑红霞,王毅,黄宝荣.绿色发展评价指标体系研究综述[J].工业技术经济,2013,33(02):142-152.

[159] 郑颖昊.经济转型背景下我国绿色债券发展的现状与展望[J].当代经济管理,2016,38(06):75-79.

[160] 中共中央,国务院.中共中央 国务院《关于全面实施预算绩效管理的意见》[EB/OL].(2018-09-25)[2020-06-05].http://www.gov.cn/zhengce/2018-09/25/content_5325315.htm.

[161] 中共中央办公厅,国务院办公厅.中共中央办公厅 国务院办公厅印发《关于构建现代环境治理体系的指导意见》[EB/OL].(2020-03-03)[2020-05-06].http://www.gov.cn/zhengce/2020-03/03/content_5486380.htm.

[162] 中央党校哲学教研部.五大发展理念:创新 协调 绿色 开放 共享[M].北京:中

共中央党校出版社,2016:165-166.

[163] 钟大能.推进国家重点生态功能区建设的财政转移支付制度困境研究[J].西南民族大学学报(人文社会科学版),2014(04):122-126.

[164] 周荣芳.绿色债券的新发展[J].中国金融,2016(08):86-87.

[165] 朱培金.绿色债券评估体系研究:基于熵指标法的研究[J].浙江金融,2017(03):61-66.

[166] 朱璇,肖翠翠,杨姝影.论环境财政支出的范围与方式:谁为环境物品买单[J].环境与可持续发展,2012,37(03):42-47.

[167] 邹巅,廖小平.绿色发展概念认知的再认知:兼谈习近平的绿色发展思想[J].湖南社会科学,2017(02):115-123.

[168] Christina K. Harper. Climate Change and Tax Policy[D]. Boston College International and Comparative Law Review, Spring, 2007.

[169] Jeff Petchey, Sophia Levtchenkova. Fiscal Equalisation in Australia: Proposals for An Efficiency-based System[D]. Economic Papers, 2004.

[170] OECD. Environmental Taxation A Guide for Policy Makers [EB/OL]. (2011-09-02) [2020-03-01]. https://www.oecd.org/env/tools-evaluation/48164926.pdf.

[171] OECD. The Application of Economic Instruments for Environmental Protection [M]. Paris: OECD Publication, 1989.

[172] Pigou. The Economics of Welfare[M]. Londen: Palgrave MacMillan, 1920.

[173] Sanford E. Games & Richard A. Taxation for Environmental Protection[M]. New York: Quorum Books, 1991.

[174] Tbieout. A Pure Theory of Local Expenditures[J]. Journal of Political Economy, 1956 (64):416-424.